Michael Windhövel

# Wie man unsere Freiheit rauben will

*oder:* Die Versklavung der Menschheit

Michael Windhövel

**Wie man unsere Freiheit rauben will
oder: Die Versklavung der Menschheit**

1. Auflage 2023
Lichtzeichen-Verlag GmbH, Lage
Arbeitsgemeinschaft Weltanschauungsfragen e.V.
ISBN: 978-3-86954-545-5
Bestell-Nr. 548545

# Inhaltsverzeichnis

Einleitung .................................... 7

Das Ende der Freiheit der Völker naht ............ 9

Zensur – Ende der Denk- und Meinungsfreiheit ..... 16

WHO – Globale Gesundheitstyrannei .............. 31

Transhumanismus – Die ganze Erde ein KZ? ........ 44

Die neue Herrschaftsform Technokratie ............ 57

Künstliche Intelligenz KI – Die neue digitale Gottheit . 69

Völkerversklavung durch Schuldknechtschaft
und Enteignung ................................ 82

Green Deal –
Vermarktung und Verwüstung der Schöpfung ....... 100

Smart Cities –
Internierungslager der Neuen Weltordnung.......... 118

UN-Strategie zur Bewältigung globaler Schockereignisse – Letzter Akt zur Durchsetzung der NWO .. 123

Die Entfaltung des globalen Militär- und
Polizeistaates................................... 132

Der Raub der Freiheit ist zugleich der Raub der
Würde des Menschen .......................... 144

Die religiösen Aspekte und Ziele der Agenda
der Neuen Weltordnung .......................... 150

Wer sind die, welche uns unsere Freiheit rauben
wollen?........................................ 162

Jesus Christus – Der Weg zur wahren Freiheit ....... 180

Quellennachweise................................ 184

# Einleitung

Seit der Zeit der Französischen Revolution (1789-99) und der Aufklärung (18. Jahrhundert) hallt der rebellische Ruf nach Freiheit durch die Geschichte der Moderne. Doch alle Freiheitskämpfe und Freiheitserhebungen führten immer nur zu Blutvergießen, Tränen, Zerstörung und Tyrannei.

Wir stehen gegenwärtig an einem Kipppunkt der Geschichte. Das nun seit Beginn der Aufklärung rund drei Jahrhunderte dauernde Streben nach Unabhängigkeit von Gott, von christlich-religiöser Bevormundung und nach angeblich möglicher schier grenzenloser totaler Freiheit schlägt um in eine diesmal nicht weitere nationale, sondern in eine globale Tyrannei unvorstellbaren Ausmaßes.

Dieses Buch möchte allen Lesern die Augen öffnen für den gegenwärtig angelaufenen Prozess der umfassenden Freiheitsberaubung und Versklavung der Völker, der gesamten Welt. Zum hoffentlich besseren Verständnis werden die Teilbereiche dieses Programms aneinandergereiht behandelt, in der Realität laufen die Entwicklungen parallel, sie überschneiden sich, fließen ineinander über.

Am Ende soll auch dargelegt werden, wer diejenigen sind, welche sich zusammengetan haben, mit dem Ziel die ganze Welt zu versklaven und zu beherrschen. Und es soll der Weg aufgezeigt werden zur wahren Freiheit, welche trotz äußerlicher Einschränkungen niemals geraubt werden kann, welche am Ende alle Tyrannei des Bösen überwindet und bleibend ist.

# Das Ende der Freiheit
der Völker naht

Freiheit im weitesten Sinne ist die Möglichkeit, sich eigenständig ohne äußeren oder höheren Zwang für oder gegen etwas zu entscheiden. Wird man veranlasst, genötigt oder gezwungen, eine Handlung in vorgeschriebener Weise auszuüben oder zu unterlassen, wird die Freiheit eingeschränkt.

Der direkte Gegensatz zur Freiheit ist Willkür, die den Menschen zwingt, etwas Ungerechtfertigtes entgegen seinem Willen, Empfinden und Gewissen zu tun, sogar zu denken und zu glauben. Wenn man von der Garantie der Freiheit durch den Staat spricht, wird damit zum Ausdruck gebracht, dass die obrigkeitliche Gewalt (in ihrer der Schöpfergottheit untergeordneten und dieser rechenschaftspflichtigen Funktion) die Freiheit des Individuums und seine individuelle Selbstentfaltung grundsätzlich zu schützen hat (1).

In der noch frischen Erinnerung an die historische Phase des Faschismus in Europa und die Zeit des Nationalsozialismus speziell in Deutschland wurden im Grundgesetz (GG) der Bundesrepublik Deutschland wichtige Freiheits-Grundrechte festgeschrieben:

Jeder hat das Recht auf freie Entfaltung seiner Persönlichkeit, soweit es nicht die Rechte anderer verletzt und nicht gegen die verfassungsmäßige Ordnung und das Sittengesetz verstößt. Jeder hat das Recht auf Leben und körperliche Unversehrtheit. Die Freiheit der Person ist unverletzlich (GG Art. 2; 1,2). Die Freiheit des Glaubens, des Gewissens und die Freiheit des religiösen und weltanschaulichen Bekenntnisses sind unverletzlich (GG Art. 4; 1). Jeder hat das Recht, seine Meinung in Wort, Schrift und Bild frei zu äußern und zu verbreiten und sich aus allgemein zugänglichen Quellen ungehindert zu unterrichten […] Eine Zensur findet nicht statt. Kunst und Wissenschaft, Forschung und Lehre sind frei (GG Art. 5; 1, 3). Alle Deutschen haben das Recht, sich ohne Anmeldung oder Erlaubnis friedlich und ohne Waffen zu versammeln (GG Art. 8; 1). Das Briefgeheimnis sowie das Post- und Fernmeldegeheimnis sind unverletzlich (GG Art. 10). Alle Deutschen genießen Freizügigkeit im gesamten Bundesgebiet (GG Art. 11; 1). Die Wohnung ist unverletzlich (GG Art. 13; 1). Das Eigentum und das Erbrecht werden gewährleistet (GG Art. 14; 1).

Obwohl nun die im GG genannten Grundrechte die Gesetzgebung, die vollziehende Gewalt und die Rechtsprechung als unmittelbar geltendes Recht binden (GG Art. 1,3), werden diese Grundrechte gegenwärtig vermehrt von der eigenen nationalen Regierung mit Füßen getreten. Und global planende und agierenden Machteliten, Konzerne, Banken, Vermögensverwalter und supranationalen Organisationen, wie UNO, WHO, EU und NATO, setzen sich ohnehin in zunehmend brutaler Rücksichtslosigkeit über jedes sie störende nationale Recht hinweg.

Gedankenfreiheit, Meinungsfreiheit, Glaubensfreiheit und Religionsfreiheit, Gewissensfreiheit, Handlungsfreiheit Redefreiheit, Bewegungsfreiheit, Versammlungsfreiheit, Pressefreiheit, künstlerische Freiheit, die Freiheit das eigene Leben nach eigenen Vorstellungen zu leben und zu gestalten, die Freiheit über den eigenen Körper und sein Eigentum frei zu verfügen - das alles war für uns in unserer westlichen von christlich-jüdischer Ethik geprägten Hemisphäre nach Ende des Zweiten Weltkrieges eine Selbstverständlichkeit, im Gegensatz zu vielen anderen Gebieten und Kulturen der Erde. Der Besitz und die Ausübung von Freiheit im Rahmen einer durch Recht, gegenseitige Rücksichtnahme und Gerechtigkeit regulierten freiheitlichen Gesellschaft adelt den mit Selbstbewusstsein, kognitiven Fähigkeiten und Würde ausgestatteten Menschen und erhebt ihn über das Tier. Jede Form willkürlicher, gewaltsamer und auf Unrecht beruhender Freiheitsberaubung ist zugleich eine Entwürdigung des Individuums Mensch.

Wir erleben gegenwärtig in der zunehmenden Einschränkung aller unserer bisherigen Freiheiten die Entstehung einer modernen Form von Sklaverei, eine letztendlich globale Freiheitsberaubung.

Raub allgemein - und auch Freiheitsberaubung ist eine spezielle Art Raub - ist gemäß deutschem Strafrecht, Abschnitt 20 des besonderen Teils des Strafgesetzbuches StGB § 249, eine Kombination der Straftatbestände Diebstahl (§ 242 StGB) und Nötigung (§ 240 StGB), somit ein Delikt mit erhöhtem Strafmaß.

Das Gesetz zum Straftatbestand des Raubes schützt das Eigentum und die Willensfreiheit des Opfers. Wegen Raubes macht sich strafbar, wer eine fremde bewegliche Sache mittels Gewalt gegen eine Person oder unter Androhung einer Gefahr für Leib und Leben wegnimmt. § 249 StGB steht in engem sachlichen Zusammenhang zu Erpressungsdelikten (§ 253, § 255 StGB), die Nötigungen unter Strafe stellen (2).

Wenn eine Regierung anfängt ihren Bürgern vorzuschreiben, wie oft sie duschen und bis zu welcher Gradzahl sie ihre Wohnungen im Winder beheizen dürfen wie oft sie im Monat eine Currywurst essen sollten, welcher Art Nahrungsmittel sie verzehren oder nicht verzehren dürfen, wenn ideologisierte Politiker Eigenheimbesitzern die Verwendung bestimmter Heizungssysteme und Heizstoffe und die Nutzung ihrer Pools untersagen, Autofahrern die freie eigenverantwortliche Nutzung ihrer Verbrennerfahrzeuge einschränken und die Bevölkerung zum Kauf von E-Autos nötigen, wenn der Staat für die Allgemeinheit Teilnahme am öffentlichen Leben (auch Gottesdiensten) von der Nutzung bestimmter Handy-Apps, vom Nachweis digitaler IDs und von Gesundheitsnachweisen (sprich Impfnachweisen) abhängig macht, wenn behördlicherseits vorgeschrieben wird, welcher Art Zahlungsmittel man noch verwenden darf und welche künftig nicht mehr, dazu Bargeldobergrenzen festlegt, dann sind das alles noch kleine aber sichere Indizien für die Tatsache, dass die bisherige Zeit der Freiheit ausläuft und eindeutige Warnzeichen für eine jetzt schleichend beginnende und künftig immer brutaler werdende Nötigung, Erpressung und Freiheitsberaubung der Völker und aller Individuen. Allein alle Überlegungen und Planungen hinsichtlich vorgenannter Dinge sollten bei allen Bürgern die Alarmglocken schrillen lassen. Und bei dem allen machen sich die nationalen Regierungen zu mitschuldigen Handlangern und Mittätern der Freiheitsberaubung durch die nach totaler Macht und totaler wirtschaftlicher Ausplünderung und Enteignung des Besitzes und sogar der Leiber der Massen strebenden satanisch inspirierten globalen Machteliten.

Die Holocaust-Überlebende Vera Sharav sagte in ihrer Rede auf dem Holocaust-Gedächtnistag am 20. August 2022 in Nürnberg:

*„Der Holocaust begann nicht erst in den Gaskammern von Auschwitz und Treblinka. Dem Holocaust gingen neun Jahre der schrittweisen Einschränkung der persönlichen Freiheit und der Aufhebung der gesetzlichen und bürgerlichen Rechte voraus. Die Bühne wurde durch Angstmacherei und Hasspropaganda bereitet."* (3)

Auch die Rede des Bundespräsidenten Walter Steinmeier während eines Konzerts für Friede und Freiheit (!) am 08. Februar 2023 im Marie-Elisabeth-Lüders-Haus des Deutschen Bundestages machte unzweideutig klar, wohin die historische Reise geht, dass unsere Freiheit vermehrt eingeschränkt werden wird und wir uns auf dauerhafte künftige Einschränkungen und damit auch auf sich steigernde permanente Freiheitseinschränkungen einstellen müssen, natürlich nur zu unserem Besten und zu unserer Sicherheit. Steinmeier sagte:

*"Diese scharfen Sanktionen* (gegen Russland) *bringen unvermeidlich auch Unsicherheiten und Einbußen, auch für uns. Wir werden bereit sein müssen, sie zu tragen [...] Ja, es kommen auch in Deutschland härtere Tage auf uns zu, Tage, die die Welt verändern und die auch uns verändern – vielleicht schneller, als wir es für möglich gehalten hätten. Und die ganze Wahrheit ist: Viele Härten liegen erst noch vor uns [...] unsere Standhaftigkeit, auch unsere Bereitschaft zu Einschränkungen* (unserer Freiheiten) *werden noch auf lange Zeit gefordert sein."* (4)

Man erzeugt und puscht künstliche Krisen, man verspricht der Bevölkerung angebliche Sicherheit zum Preis der freiwilligen Aufgabe von Rechten und Freiheit. Doch -*"Wer die Freiheit aufgibt, um Sicherheit zu gewinnen, wird am Ende beides verlieren."* (5)

*"Wenn jetzt nicht etwas Grundlegendes geschieht, dann war's das mit der Freiheit. Und nicht die Angriffe ihrer Gegner werden ihr* (der Freiheit) *den Garaus machen - die Gleichgültigkeit derer, die sie so lange genossen, wird es tun. Pandemien, Weltkrieg, Klimanotstand: Die Freiheit schwebt in höchster Gefahr. [...] Was ist kaputt in den Herzen und Köpfen der vielen, dass sie sich selbst und ihre Freiheit so geringschätzen, ja regelrecht verachten? Warum stimmen sie ihrer eigenen Entrechtung zu und scheinen in ihre Ketten geradezu verliebt? Wir sind Gefangene unserer Illusionen, Gefangene*

*der Lügen und Strategien der Macht."* (6) Wer sich seine bisherigen Freiheitsrechte widerstandslos entwinden lässt, der hat die Freiheit nicht verdient!

Im Folgenden soll nun an den verschiedenen angeschnittenen Problemfeldern verdeutlicht werden, wie man uns systematisch unserer Freiheit beraubt. Auch die Frage, wer sich hinter „man" verbirgt, wer die sind, welche uns unsere Freiheit rauben wollen soll behandelt werden. Und schließlich soll aufgezeigt werden, wohin die Entwicklungen letztendlich unweigerlich führen werden, nämlich zu der in der Bibel vorausgesagten totalen satanischen Versklavung unter der global-sozialistischen antichristlichen Diktatur der Endzeit.

Doch es gibt auch einen Ausweg in eine wunderbare bleibende Freiheit.

# Zensur - Ende der Denk- und Meinungsfreiheit

Zu den wichtigsten Indikatoren, welche das Aufkommen einer Diktatur anzeigen gehören die sich ausweitende Zensur, die zunehmende Unterdrückung und Kriminalisierung Narrativ-konträrer Meinungen und selbst fachlich korrekter Fakten und die Mundtot-Machung und Ausschaltung aller Kritiker einerseits sowie die Ideologisierung und Manipulation der verblendeten Gesellschaft und der Massen andererseits.

Wir leben heute auch in einer Zeit, wo in allen Bereichen die Wahrheit mehr und mehr verdrängt, zensiert, unterschlagen und „mundtot" gemacht wird, dagegen Lügen-Narrative auf allen medialen Ebenen verbreitet und von der Masse naiv gutgläubig geglaubt werden. Es begann mit Corona und der Pandemie-Lüge - ausführlich behandelt in „Corona Zeitenwende", Michael Windhövel, 2020 - es folgte die Russland-Ukraine-Lüge. Weiter Lügenkampagnen werden folgen. Wir erinnern uns:

Die Pandemie-Lüge: Ein tödliches Virus bedrohe die gesamte Menschheit. Die Pandemie sei nur durch harte Gesundheitsmaßnahmen, Einschränkungen von Freiheit (sprich Grundrechten) und Impfungen zu stoppen. Die

Massen - auch viele Christen - glaubten dem Lügen-Versprechen einer *„Vollimmunisierung"* durch *„zwei Piekse",* der Sicherheit und Wirksamkeit der „Impfstoffe". Inzwischen aber werden *„regelmäßige Aktualisierungen des Impfstatus"* gefordert (lebenslanges Impf-Abo). Kritische Ärzte, fachlich hochqualifizierte und sachlich kritisierende Wissenschaftler wurden diffamiert, bedroht und teils beruflich ruiniert. Ihre Fachbeiträge wurden von Internetplattformen gelöscht. Sachliche, wissenschaftliche Fakten und jede sachliche, wissenschaftliche Auseinandersetzung wurden unterbunden und unterdrückt. Es ging ja auch nie wirklich um Volksgesundheit, sondern um das perfide hintergründige Ziel technokratischer Machteliten der Bevölkerungsdepopulation und der transhumanistischen Umgestaltung der gesamten Menschheit. Lügen über Lügen! Die verheerenden Folgen der globalen Verabreichung der mRNA-Substanzen (exponentiell steigende Gesundheitsschäden, hohe Übersterblichkeit, Fehlgeburten, Zerstörung des Immunsystems, Herzprobleme, Schlaganfälle usw.) werden weltweit immer deutlicher.

Die Ukraine-Lüge: Russland und Putin allein seien für den Krieg und alle damit verbundenen Folgen verantwortlich. Weil die Ukraine ein freies und demokratisches Land sei, hätte der Westen das Leben der Ukrainer mit Waffen (gegen russische Leben) zu schützen. Um Russland zu bestrafen, seien harte Sanktionen unumgänglich, auch wenn uns dies große Opfer abverlangen und wir *„für die Freiheit frieren"* (Gauck) müssen (7). Dass ukrainische Nationalisten zuvor in der Ost-Ukraine tausende russischstämmige Menschen massakrierten, die USA und die NATO eine zuvor demokratisch gewählte aber Russland-freundliche ukrainische Regierung mithilfe der Geheimdienste stürzten, die Verträge von Minsk bewusst brachen, eine von der Türkei vermitteltes Friedensabkommen zwischen Russland und der Ukraine sabotierten, die Ukraine gezielt aufrüsteten, entgegen allen früheren Verträgen mit Russland und zum Nutzen des militärisch-industriellen Komplexes selbst den Krieg provozierten, die irrsinnigen Sanktionen weniger Russland, sondern vielmehr die westliche Wirtschaft selbst treffen und zerstören, damit die Mittelstands-Konkursmasse dann von global operierenden privaten Investoren billig aufgekauft werden kann, all das wird tunlichst unterschlagen. Verschleierung und Lügen!

Auch hier wird sachliche faktenbasierte Kritik zensiert, von Plattformen gelöscht, von den Mainstream-Medien unterschlagen. Narrativ-konforme „Experten", sich prostituierende Wissenschaftler, Medien im Besitz privater Banken, Investoren und Konzerne hingegen verbreiten ihre Narrative der „Neuen Normalität" im Sinne der Ideologie, politischen Agenda und Wirtschaftsinteressen globaler Eliten. Und die Masse glaubt der Lüge mehr als der Wahrheit. Lügen, Propaganda, Agitation. Es tobt ein Kampf um die Wahrheit, eine Schlacht um unsere Gehirne.

Die verstorbene ehemalige Bürgerrechtlerin Bärbel Bohley prophezeite nach dem Fall der Mauer: *„Die Stasi-Strukturen, die Methoden, mit denen sie gearbeitet haben […] All* *das wird in die falschen Hände geraten. Man wird sie ein wenig adaptieren, damit sie zu einer freien, westlichen Gesellschaft passen. Man wird Störer nicht unbedingt verhaften, es gibt feinere Möglichkeiten, unschädlich zu machen. Aber die geheimen Verbote, das Beobachten, der Argwohn, die Angst, das Isolieren und Ausgrenzen, das Brandmarken und Mundtot machen derer, die sich nicht anpassen, wird wiederkommen. Glaubt mir, man wird Einrichtungen schaffen, die viel effektiver arbeiten, viel feiner als die Stasi. Auch das Lügen wird wiederkommen, die Desinformation und der Nebel, in dem alles seine Kontur verliert."* (8)

Die Professorin Gabriele Krone-Schmalz, Publizistin, ehemalige Moderatorin der ARD, sagte in einem Vortrag: *„Wir hatten in Deutschland schon immer eine schmale Debattenkultur. Und da das so ist, läuft man in Gefahr unter die Räder zu geraten, wenn man andere Argumente bringt, andere Meinungen äußert als die, welche den Mainstream in Politik und Medien bilden. Das ist nicht gut. Man muss die Argumente ja nicht teilen, Aber sie nicht zuzulassen oder von Anfang an als Propaganda zu diskreditieren, das schadet der Demokratie […] Eine Demokratie muss es aushalten, dass gestritten wird, das geht ja auch respektvoll. Doch sobald sich eine Gesellschaft radikalisiert, ist es vorbei mit der Streitkultur, und das geht so: Die Ideologisierung und vor allen Dingen die moralische Auflandung von Debatten läuft auf eine Polarisierung hinaus, die fast zwangsläufig zu einer Radikalisierung führt. Denn wer sich moralisch auf der richtigen Seite wähnt, der nimmt für sich in Anspruch, seinen Standpunkt mit allen*

*Mitteln durchzusetzen, denn das tut er ja für die „gute" Sache. Und wer das nicht einsieht, steht automatisch im Abseits. Die Meinungskorridore sind in der Tat erdrückend eng geworden […] Das bedeutet, Andersdenkende sind kein Bestandteil unserer Gesellschaft mehr, sondern Störfaktoren, die man besser gar nicht erst zu Wort kommen lässt, oder gar Feinde, die es mit aller Konsequenz auszugrenzen gilt."* (9)

Im September 2022 tauchte ein 10-seitiges geleaktes Dokument der Bundesregierung auf, welches belegt, wie die Regierung auf Medien einwirkt, um die öffentliche Berichterstattung zu beeinflussen. Laut Innenministerium soll das Dokument die Vereinheitlichung (Gleichschaltung) von Informationen und Maßnahmen sicherstellen, die von den Behörden ergriffen werden, um der gezielten Verbreitung von angeblich falschen oder irreführenden Informationen, insbesondere im Kontext von „Russlands Angriffskrieg gegen die Ukraine", entgegenzuwirken. Die Regierung entscheidet, was wahr oder falsch ist. Mehr noch: Sie trifft sich hinter den Kulissen mit reichweitenstarken Medien wie dem Spiegel, Tagesspiegel und Stern (die im Dokument genannt werden), um festzulegen, was Desinformation im Zusammenhang mit Ukraine und Russland ist, welche Informationen unter die Zensur fallen (10).

Auch EU-Kommission, UNO und WHO planen *„wirksame Maßnahmen"* gegen eine angebliche *„Infodemie"* infolge nichtkonformer angeblicher *„Desinformationen"* über Corona, die über soziale Medien verbreitet würden. Durch diese angeblichen Fehl- und Desinformationen würden in der Bevölkerung Verwirrung und Misstrauen hervorgerufen und damit weitere geplante gesundheitspolitische Maßnahmen untergraben! So entstünden erhebliche gesellschaftliche Risiken! Basierend auf einem *„Aktionsplan gegen Desinformation"* sollen daher künftig starke koordinierte Maßnahmen ergriffen werden, um gegen die angebliche *„Infodemie"* und die *„Verbreiter von Desinformationen"* vorzugehen, in enger Zusammenarbeit zwischen Behörden, Journalisten, Forschern, Faktenprüfern, Online-Plattformen und gesellschaftlichen Akteuren der Zivilgesellschaft (11) (betrifft auch Kirchen, Gemeinden und Vereine).

In einer Fernsehansprache bereits am 18.03.2020 sagte die ehemalige Bundeskanzlerin Merkel: *„Deswegen bitte ich Sie: Glauben Sie keinen Gerüchten, sondern nur den offiziellen Mitteilungen, die wir immer auch in viele Sprachen übersetzen lassen."* (12)

Die EU-Kommission empfiehlt allen EU-Bürgern, sich nur an die offiziellen Empfehlungen der Gesundheitsbehörden und die Informationen auf den Websites europäischer und internationaler Organisationen wie UNO und WHO zu halten, andere Quellen zu meiden und Informationen aus angeblich zweifelhaften Quellen gar nicht erst weiterzuleiten.

Der Digital Service Act (DSA), eine durch die EU erlassende Verordnung, ist sozusagen das Muster aller Zensur, die Blaupause (eine Grundidee, die als Vorlage zur Umsetzung von etwas herangezogen wird) für die Durchsetzung allumfassender Zensur, Gedankenkontrolle, Unterbindung von Meinungsfreiheit und die Kriminalisierung nicht Narrativ-konformer Personen und Organisationen auch auf globaler Ebene. Nach einer langen, intensiven und teilweise hitzig geführten Debatte wurde der DSA am 05. Juli 2022 vom Europäischen Parlament und dann am 04. Oktober 2022 vom Europäischen Rat angenommen. Der DSA trat am 16. November 2022 in Kraft und gilt im Wesentlichen ab August 2023 (13).

Unter dem Deckmantel angeblicher Transparenz und Rechenschaftspflicht von Online-Plattformen wird künftig jede Meinung eliminiert, die dem System zuwiderläuft. Die Onlineplattformen werden verpflichtet, alle Risiken, wie angebliche Fehl- und Desinformationen, mithilfe von *„vertrauenswürdigen"* Kontrollinstanzen und dem Einsatz von künstlicher Intelligenz (KI) herauszufiltern, zu bewerten (zensieren) und zu löschen.

Die aufrüttelnden Zeiten der Corona-Pandemie haben schon verdeutlicht, wie aggressiv die Zensur durch die Behörden in Zusammenarbeit mit den sozialen Netzwerken funktioniert, die keine Skrupel mehr haben, kritische Stimmen zu eliminieren, insbesondere die von Fachleuten und medizinischen Koryphäen, die nicht mit dem offiziellen Narrativ übereinstimmen. Bereits während der Pandemie wurde praktisch nur eine Meinung toleriert und diejenigen, die es wagten dieser zu widersprechen, wurden geächtet und quasi öffentlich gelyncht.

Der Digital Services Act ist eine Verordnung, die mit sofortiger Wirkung in der gesamten EU gilt. Zu den Verpflichtungen, die den großen Online-Plattformen und Suchmaschinen auferlegt werden, gehört auch die Überwachung ihrer Risikomanagementmaßnahmen durch unabhängige Audits (Ein Audit, ein Auditor untersucht, ob bestimmte Prozesse, Anforderungen und Richtlinien die geforderten Standards erfüllen). Der DSA sieht zudem neue Mechanismen vor, mit denen Nutzer angeblich illegale Inhalte online melden können (Online-Denunziation), Mechanismen, mit Hilfe derer Plattformbetreiber mit *„vertrauenswürdigen Hinweisgebern"* zusammenarbeiten sollen, um schnellstmöglich illegale Inhalte zu ermitteln und zu entfernen.

Mit dem Gesetz Digital Services Act DSA wurde zugleich auch ein weit umfassenderer Krisenreaktionsmechanismus eingeführt, der im Falle weiterer realer oder vorgeblicher ernsthafter Bedrohungen der öffentlichen Gesundheit und Sicherheit, wie neue Pandemien, Unruhen, Kriege, Kriegsauswirkungen, Blackouts und Klimanotstände, jederzeit aktiviert werden kann (14).

Auch die Generalversammlung der Vereinten Nationen hat ihre Besorgnis über die Verbreitung von angeblicher Desinformation zum Ausdruck gebracht. Während der Eröffnungssitzung des 16. Internet Gouvernance Forums „Internet United" sagte Generalsekretär Antonio Guterres:

*„Die COVID-19-Pandemie hat die das Leben verändernde Kraft des Internets deutlich gemacht. Die digitale Technologie hat* (angeblich) *Leben gerettet, da sie es Millionen von Menschen ermöglicht, sicher online zu arbeiten, zu studieren und Kontakte zu knüpfen. Aber die Pandemie hat auch die di-*

*gitale Kluft und die dunkle Seite der Technologie verdeutlicht: Die blitzschnelle Verbreitung von* (angeblichen) *Falschinformationen, mögliche Manipulation der Menschen und vieles mehr. Wir können diese Herausforderung nur gemeinsam und durch verstärkte Zusammenarbeit angehen: Durch die Festlegung klarer Regeln zum Schutz der Menschenrechte und Grundfreiheiten, durch die Wiedererlangung der Kontrolle über unsere Daten (Internet-Hoheit) und durch die Bekämpfung von Desinformation und Hassrede."* (15)

Diktaturen streben nach der politischen Macht und arrangieren sich im Wesentlichen mit dem Status Quo. Gemäß der jüdischen Sozialwissenschaftlerin und Publizistin Hannah Arendt (1906-1975) streben faschistische Systeme zusätzlich nach der totalen Kontrolle und Steuerung von Denken, Werten, Gewissen und des Privatbereiches. Unerlässliche Werkzeuge zur Manipulation, Kontrolle und Steuerung der Massen sind: Schocktherapie, Belohnung bei Wohlverhalten, Einhämmern neuer Narrative, Ausschaltung jeglicher Kritik, Zensur und umfassende Kontrolle der Medien, Agitation, Manipulation, Verbreitung von Lügen (16).

Um 1898, zeitgleich mit dem Beginn der Bewegung des Zionismus, erschien in Europa erstmalig eine Schrift mit einer Zusammenstellung von 24 stenographisch aufgezeichneten Protokollen von Vorträgen, gehalten vor offensichtlich jüdischer Zuhörerschaft, die einen wahrhaft teuflischen Plan offenbaren. Diese sogenannten Illuminaten-Protokolle mit der Bezeichnung „Protokolle der Weisen von Zion" werden behördlicherseits als antisemitische

Fälschung bezeichnet, doch etliche Historiker stufen sie als echt und historisch authentisch ein. Neben der Darlegung von langfristigen globalen Planungen zur systematischen Zerstörung der Ordnungen aller nichtjüdischen Völker, mit dem letztendlichen Ziel der Errichtung eines globalen sakral-politischen luziferischen Weltreiches in Anknüpfung an das Königtum Davids zu Jerusalem, enthalten die Protokolle auch aufschlussreiche Informationen über einen langfristig verfolgten Plan zwecks Erlangung einer umfassenden Kontrolle aller Medien, zwecks Nutzung dieser zur gezielter Manipulation, Beeinflussung und Steuerung der Massen. Damals kannte man noch nicht die heutigen digitalen Medien und Plattformen. Was damals hinsichtlich der angestrebten Kontrolle über die Presse gesagt wurde, können wir heute auf alle modernen Medien übertragen. So benutzen wir hier zwecks Aktualisierung moderne Medien-Begrifflichkeiten. Die folgenden Zitate wurden der als interpretiert, kommentiert und inhaltlich dem Original angepasst geltenden deutschen Version entnommen. Wir betonen: Wir distanzieren uns von jeder Art Antisemitismus. Es geht hier um sachliche Information.

*„Die Medien sind eine große Macht, mittels derer man die öffentliche Meinung beherrscht. [...] Durch die Medien errangen wir Einfluss, blieben aber dabei selbst im Dunklen."* (17)

*„Wir* [werden durch die Medien] *den öffentlichen Geist [...] lähmen, den Menschen das Denken abzugewöhnen, weil Nachdenken Widerstand erzeugt, den Geist durch Phra-*

*sendrescherei ohne Sinn auf Abwege lenken. [...] Um sich der öffentlichen Meinung zu bemächtigen, muss man sie* (die Masse) *vor allem vollständig verwirren, indem man von allen Seiten her und auf verschiedenste Art sich widersprechende Ansichten und Informationen vermittelt."*

*„Wir müssen die Regierungen der Nichtjuden zwingen, nach dem Plane zu handeln, den wir in seiner ganzen Breite entworfen haben und der sich seinem Ziele bereits nähert. Dabei wird uns die öffentliche Meinung unterstützen, derer wir uns durch die Großmacht der Medien bereits völlig bemächtigt haben. Mit wenigen Ausnahmen [...] sind die Medien tatsächlich schon ganz in unserer Hand."* (18)

*„Welche Rolle spielen die Medien? Sie dienen dazu die Emotionen der Menschen zu entflammen [...] Parteiungen und Spaltungen zu schüren. Wir werden den Medien einen Zaum anlegen und die Zügel straff führen. Auf gleiche Weise werden wir mit den Printmedien verfahren [...] durch Zensur. [...] Als Vorwand für die Unterbindung einer Veröffentlichung werden wir erklären, dass diese die öffentliche Meinung* (Sicherheit) *gefährde.*

*„Keine Nachricht wird ohne unsere Prüfung in die Öffentlichkeit gelangen. Das haben wir bereits dadurch erreicht, dass alle Nachrichten aus der ganzen Welt bei einer* (kleinen) *Anzahl von Nachrichtenagenturen zusammenlaufen. Diese werden vollständig in unserem Besitz sein und nur das verlautbaren, was wir ihnen vorschreiben. [...] Wir werden die Gedankenwelt der nichtjüdischen Gesellschaften derart beherrschen, dass fast alle Menschen die Ereignisse der Welt*

*durch die farbigen Brillen sehen, die wir ihnen aufgesetzt haben."*

*„Da Print- und Digitalmedien die zwei wichtigsten Erziehungsmittel sind, werden unsere Herrschenden die Eigentümer der Mehrzahl dieser sein. Dadurch wird der (für uns gefährliche und) negative Einfluss der Medien ausgeschaltet, und wir verschaffen uns einen außergewöhnlichen Einfluss auf das Volksempfinden."*

*„An erster Stelle werden die öffentlich-rechtlichen Medien stehen, denen die Aufgabe zufallen wird, stets unsere Interessen zu vertreten, [...] mindestens ein Medium muss zu uns im schärfsten Gegensatz stehen, Unsere Gegner werden diesen scheinbaren Widerspruch* (gesteuerte Opposition) *für echt halten, und sich diesem und so uns mitteilen."*

*„Unsere Medien werden den verschiedensten Richtungen angehören, die öffentliche Meinung in die uns genehme Richtung leiten, denn ein aufgebrachter Mensch verliert leicht seine Urteilskraft und unterliegt jeder Art von Beeinflussung."*

*„Infolge unserer Maßnahmen wird kein Medium zur Verfügung stehen, in denen* (unsere Widersacher) *ihre Meinung veröffentlichen können. [...] Die heutige Journalistik ist eine Art Freimaurerei. Alle* (führenden) *Mitarbeiter der Medien sind untereinander durch das Berufsgeheimnis verbunden. Niemand wird zu diesem Beruf zugelassen, wenn er nicht in seiner Vergangenheit einen Makel an seiner Ehre aufweist"* (aufgrund dessen er erpressbar ist). (19)

Umfassende Zensur durch kontrollierte Medien, das ist tatsächlich das Ende der Meinungsfreiheit und des freien

Denkens! Mit Sicherheit wird narrativkonträren Gruppen oder Personen künftig der Netzzugang und die Nutzung von Medien nur eingeschränkt möglich sein oder völlig verwehrt werden. Das geschieht ansatzweise bereits in der ständigen Sperrung diverser Internetaccounts kritischer Personen und Wissenschaftler und noch investigativ arbeitender Journalisten und in Kontosperrungen (De-Banking) unangepasster Personen und Organisationen. Digitale Zugangsschlüssel dürften ohnehin allgemein obligatorisch werden. Und - wie in jedem faschistischen System - wird es früher oder später auch zu direkten Verboten von kritischen und unangepassten Organisationen, Parteien, religiösen Gruppierungen und Publikationen jeglicher Art kommen.

Beispielhaft für diesen Trend war und ist der ständige Versuch der Ausschaltung und Ausgrenzung der noch traditionelle und konservative Werte vertretenden Partei Alternative für Deutschland (AfD) durch den herrschenden Apparat, welcher ständig Demokratie, Meinungsfreiheit und Toleranz propagiert, aber in Wahrheit ideologiebesessen absolut intolerant und undemokratisch gegen alle vom Narrativ ihrer Ideologie abweichenden Gegner vorgeht.

Im Zusammenhang des Umfrage-Höhenfluges der AfD im Sommer 2023 forderte das aus dem Haushalt des Bundestages finanzierte Deutsche Institut für Menschenrechte (DIMR), welches sich als die (!) unabhängige nationale Menschenrechtsorganisation versteht, ein Verbot der AfD. In einer Analyse unter dem Titel *„Warum die AfD verboten werden könnte, Empfehlungen an Staat und Politik"*, kam das

Institut zu dem Ergebnis, dass die Bedingungen für ein Parteiverbot erfüllt seien. Der AfD wurde unterstellt sie untergrabe die im Grundgesetz garantierten Grundrechte und sie gehe *„zur Durchsetzung ihrer (angeblich) rassistischen und rechtsextremen Ziele"* aktiv und planvoll vor. Beispielsweise arbeite die AfD daran, *„die Grenzen des Sagbaren und damit den Diskurs so zu verschieben, sodass eine Gewöhnung an ihre rassistischen, national-völkischen Positionen auch im öffentlichen und politischen Raum erfolgt".* Das Bewusstsein für die von der AfD ausgehende Gefahr müsse unbedingt in der Öffentlichkeit geschärft werden, staatliche und politische Akteure hätten entsprechend zu handeln (20).

Die Bekanntmachung der angeblich staatgefährdenden Tätigkeit der AfD und die Vorschläge des Institutes für Menschenrechte zur Lösung dieses angeblichen gesellschaftlichen Gefahrenproblems erfolgte natürlich über die öffentlichen kontrolliert-gesteuerten Medien - typisch für genau diese üble Art Agitation, Manipulation und Lügenpropaganda. Man propagiert Freiheit, Menschenrechte, Demokratie und praktiziert Faschismus! Alles Traditionelle und Konservative wird dämonisiert.

George Orwell schrieb: *„Freiheit ist das Recht, anderen zu sagen, was sie nicht hören wollen."* (21) Wenn man nicht mehr die Freiheit hat, etwas zu sagen, was andere nicht hören wollen oder was diese nicht wollen, dass es von anderen gehört wird, dann war es das mit der Freiheit.

Der jüdische ungarisch-amerikanische Verleger und

Stifter des Pulitzer-Preises (Medienpreis für herausragende journalistische und literarische Leistungen) schrieb: *"Eine zynische, käufliche, demagogische Presse wird mit der Zeit ein Volk erzeugen, das genauso niederträchtig ist, wie sie selbst."*

Der Jude Joseph Pulitzer wusste, was er sagte, er wuchs auf zur Zeit des NS-Faschismus (22).

Die Schlacht um die Deutungshoheit, die Wahrheit oder besser gegen die Wahrheit ganz allgemein, könnte sich schnell auch im behördlich-juristischen Vorgehen gegen biblische Wahrheiten, Glaubensinhalte und Werte und gegen die Verbreiter derselben ausweiten.

Satan ist der Vater der Lüge (23), darum werden auch seine Diener, die luziferisch-freimaurerischen Machteliten, Lügen verbreiten und die Wahrheit bekämpfen. Und Gott sendet den Massen, welche der Lüge mehr glauben als der Wahrheit, zusätzlich einen Geist der Lüge. Und so wird die Welt reif für das summarische Gericht (24).

Wie treffend formulierte doch die ehemalige DDR-Bürgerrechtlerin Bärbel Bohley: *"Auch das Lügen wird wiederkommen, die Desinformation und der Nebel, in dem alles seine Kontur verliert."*

Der eine ewig seiende und allwissende Gott bot uns in seinem Wort einen unfehlbaren Bewertungs- und Beurteilungsmaßstab an (25). Wer immer sich daran orientiert, wird die Wahrheit erkennen und sich kognitive Freiheit bewahren (26).

# WHO – Globale Gesundheitstyrannei

Bereits im Jahre 2017, während der Münchner Sicherheitskonferenz (größte internationale Börse des Waffenhandels), hatte sich der Gründer von Microsoft und Hauptfinanzier der WHO, Bill Gates, in einer Rede folgendermaßen geäußert:

*„Stellen Sie sich vor, ich würde Ihnen sagen, dass es irgendwo auf der Welt eine Waffe gibt - oder geben könnte - die Zehntausende oder Millionen von Menschen töten, die Wirtschaft zum Erliegen bringen und Nationen ins Chaos stürzen kann. [...] einer Sache können wir uns sicher sein. Eine hochgradig tödliche globale Pandemie wird noch zu unseren Lebzeiten auftreten."* (27)

Während der Münchner Sicherheitskonferenz 2023 trafen sich Bill Gates, Tedros Adhanom Ghebreyesus (Chef der WHO) und Karl Lauterbach (Bundesgesundheitsminister BRD) um sich bezüglich neuer Pandemien (Biowaffen?) und dann erneut nötiger Maßnahmen abzusprechen (28).

Im Februar 2023 erschien auf der Homepage der rumänischen Plattform „National" folgender Artikel unter der Überschrift *„EU fordert weitere Maßnahmen, um die Menschen zu zwingen sich gegen Covid impfen zu lassen",* in welchem es hieß:

*„Obwohl Covid seit Anfang 2023 kein akutes Problem mehr für die öffentliche Gesundheit darstellt, fordert die Europäische Agentur für die Prävention und die Kontrolle von Krankheiten die EU-Länder auf, Maßnahmen zu ergreifen, um die Menschen zur Impfung zu zwingen. Die Einrichtung ist überzeugt, dass die EU-Länder bei ihren Strategien hinsichtlich der weiteren Covid-Impfung im Jahr 2023 und darüber hinaus Zwang anwenden sollten."*

*„Die EU-Agentur ECDC (Europäische Agentur für die Prävention und die Kontrolle von Krankheiten) fordert die Länder auf, neue Covid-19-Impfstrategien für das Jahr 2023 vorzulegen. Die Agentur argumentiert, dass ein Impfprogramm gegen Covid-19 nur dann erfolgreich sein könne, wenn man die Überzeugungen, Bedenken und Erwartungen von Einzelpersonen und Gemeinschaften in Bezug auf den Impfstoff und die Krankheit verstehe und angemessen (mit Zwang) darauf reagiere. Ferner ruft das Europäische Zentrum für die Prävention und die Kontrolle von Krankheiten die EU-Länder dazu auf, mit kollektiven Zwängen und in kollektiver Verantwortung Strategien zu entwickeln, die die Akzeptanz der Covid-19-Impfung erleichtern."*

Zur Impfstrategie gehöre die Empfehlungen für Omikron-adaptierte bivalente (mehrwertige) mRNA-Impfstoffe, die Impfung von Säuglingen, Kindern, Jugendlichen und Erwachsenen, Impf- und Kommunikationsstrategien sowie Strategien für Impfkampagnen für 2023 und darüber hinaus (29).

Schon zuvor, am 21.10.2022, hatten die Arzneimittelbehörde EMA und die EU-Kommission mRNA-Impfstoffe für Kleinkinder ab sechs Monaten freigegeben (30). Zufall?

Anfang 2023 schien die Covid-Problematik auszulaufen. Der Großteil der Bevölkerung glaubte das Thema Corona könne abgehakt und vergessen werden - es war und es ist nicht vorbei, das mörderische Spiel wird nur mit veränderter Strategie fortgeführt!

Während der Corona-Pandemie-Phase März 2020 bis Anfang 2023 galten innerhalb der Nationalstaaten sehr unterschiedliche Regelungen, Notfallgesetze und sogenannte Gesundheitsmaßnahmen. Interessanterweise fuhren alle nationalen Regierungen ab dem Jahreswechsel 2022 / 23 die meisten Maßnahmen zurück. So konnte der aufgrund des gewachsenen Widerstandes sich aufbauende Druck aus dem Kessel der Gesellschaft etwas herausgenommen werden. Keineswegs aber wurden die während der Corona-Krise erlassenen Notfallgesetze aufgehoben, die somit jederzeit wieder aktiviert werden können.

Die Aufhebung der nationalen Corona-Maßnahmen war auch deshalb möglich, weil die entsprechenden Stellen der nationalen Regierungen informiert waren, dass ab 2023 /2024 völlig neue internationale Gesundheitsstrukturen kommen würden, durch welche alle nationalen Regelungen ohnehin hinfällig werden würden, durch welche alle nationalen Corona-Gesetze obsolet werden würden. Man wusste: Es wird auf jeden Fall weiter gehen, auch wenn es so schien, dass die Sache zu Ende sei. Folgende Fakten wiesen klar auf noch geplantes Kommendes hin:

Bereits im Oktober 2022 hatte die WHO eine Broschüre mit dem Titel (in Deutsch) *„Globale Covid-19-Impfstrategie in einer sich verändernden Welt"* herausgegeben. Darin wird ausgeführt: Weil die Impfung noch viel zu lückenhaft sei und die derzeitigen Covid-19-Vakzine nur einen mäßigen und einen zeitlich begrenzten Schutz gegen Sars-Cov-2-Infektionen böten (man beachte!), seien künftig weitere öffentliche Gesundheits- und Sozialmaßnahmen wie bei bisherigen Lockdowns unerlässlich. Die Impfdynamik sei darum unbedingt aufrecht zu halten. Zur Durchsetzung sogenannter *„Impfgerechtigkeit"* (gleichviel Vakzine global für alle) seien eine sichere Finanzierung (durch das Steueraufkommen der Zivilbevölkerung) und eine ausreichende Bevorratung mit mRNA-Impfstoffen sicherzustellen, seien *„Impfpläne"* mit regelmäßigen *„Auffrischimpfungen"* auszuarbeiten. Eine *„globale Durchimpfung"*, überwachbar durch digitale Impfnachweise, ist also nach wie vor das erklärte Ziel der WHO und der hinter dieser stehenden, diese finanzierenden privaten Organisationen und Machteliten. Die WHO fordert: *„Impfungen für den gesamten Lebensverlauf Realität werden lassen."* (31)

Neben dem künftig also wohl wieder ansteigendem Impf- und Maßnahmendruck werden vermehrt weltweit verheerende Folgen der bisherigen Verabreichung von mRNA-Substanzen deutlich. Unabhängige kritische und warnende Wissenschaftler, Pathologen und Bestatter weisen hin auf ungewöhnliche Blutgerinnsel, Verklumpungen der roten Blutkörperchen, faserartige Fremdkörper, transistorartige metallische Nanopartikel, Parasiten und kristallähnliche Gebilde im Blut, in den Blutgefäßen und Organen bei lebenden oder schon verstorbenen mRNA-Geimpften. Mögliche weitere negative Folgen der Wechselwirkung von Graphen im Körper Geimpfter mit elektromagnetischer Strahlung von außerhalb, wie 5G oder 6G, sind noch weitgehend unerforscht. Durch Studien zweifelsfrei nachgewiesen ist der Elektromagnetismus geimpfter Personen, welche, wie ein Handy beziehungsweise ein Computer, MAC-Adressen aussenden. Und so sind seit Beginn der Impfung ab Ende 2021 in allen Ländern mit einer hohen Durchimpfquote eine stark angestiegene Säuglingssterblichkeit sowie eine Übersterblichkeit selbst bei an sich gesunden Menschen jungen und mittleren Alters zu beobachten. Mögliche Zusammenhänge mit der Impfung werden von Medien, Regierungen und Pharmaindustrie natürlich ignoriert und totgeschwiegen und als angebliche „Desinformation" zensiert. Diese Welle an negativen Impffolgen dürfte weiter ansteigen, mit unkalkulierbaren Folgen für die Gesellschaften und damit auch für christliche Kirchen und Gemeinden (32).

Bereits am 23. Oktober 2022 fand in Brüssel die Simulationsübung „Catastrophic Contagion" (Katastrophale Ansteckung) statt. Man ging von der Entstehung und Ausbreitung weiterer künftiger Viruspandemien aus (Erreger eventuell in Laboren als weitere Biowaffen entwickelt und anschließend freigesetzt, Bemerkung Verfasser). In den Simulations-Sitzungen des WHO-Notfall-Gesundheitsbeirates ging es diesmal nicht um die Alten, wie bei Covid-19, man simulierte eine Pandemie speziell unter Kindern und Jugendlichen mit einem weit gefährlicheren Erreger namens SEERS-25, (Schweres epidemisches Enterovirus-Atemwegsyndrom) und infolgedessen mit einer wesentlich höheren Sterblichkeitsrate eben unter jungen Menschen. Erteilten deshalb schon vorauswissend die Europäische Arzneimittelbehörde EMA und die EU-Kommission die Freigabe von mRNA-Substanzen schon für Kleinkinder ab sechs Monaten?

Wie bei früheren Planspielen waren wiederum die Gates Foundation, das Global-Health-Center der John-Hopkins-Universität und Vertreter der EU und der NATO beteiligt. Geprobt wurden diesmal nicht allein sogenannte Gesundheitsmaßnahmen, sondern vorrangig auch angeblich dann erneut nötige politische und soziale Maßnahmen (Einschränkungen, Zwangsmaßnahmen und Lockdowns) und zudem Zensur-Maßnahmen gegen alle vom offiziellen Narrativ abweichende angebliche Fehl- und Falschinformationen und eben gegen die Verbreiter derselben (33).

Seit 2022 laufen teils geheime Verhandlungen bezüglich der Änderung der bereits bestehenden als internationales Recht geltenden Internationalen Gesundheitsvorschriften (IGV) und der Ausarbeitung eines völlig neuen internationalen WHO-Pandemievertrages. Falls diese beiden Vertragswerke in der UNO-Weltgesundheitsversammlung 2024 mit einfacher Mehrheit angenommen werden sollten – und das ist zu erwarten – ist das Gesundheitsdirektorium der WHO bevollmächtigt, auf globaler, wie auf nationaler Ebene, ohne Zustimmung der jeweiligen nationalen Regierungen, einen Gesundheitsnotstand auszurufen und damit für alle Staaten verbindliche Gesundheitsmaßnahmen anzuordnen. So entstünde, über die WHO, ein weltweiter totalitärer medizinischer und pseudo-wissenschaftlicher Polizeistaat. Infolge der geänderten Internationalen Gesundheitsvorschriften IGV und des neuen WHO-Pandemievertrages können dann alle nationalen staatlichen und regionalen Regierungsbehörden umgangen werden, wenn es eben um Pandemien, Gesundheitsmaßnahmen und Impfstoffe und damit um das menschenverachtende Eugenik- und Euthanasie-Programm der transhumanistisch-technokratischen Machteliten geht. Dann wird Völkermord faktisch per international geltendem Recht legitimiert. Die WHO ist dann autorisiert global digitale Gesundheitsdaten zu erfassen (z. B. digitaler Impfnachweis) und selbst nur rein vorbeugend rechtsverbindliche Maßnahmen anzuordnen. So dürfte auch die grün-marxistische „One-Health"-Ideologie der WHO und der hinter dieser stehenden sozialistischen Machtzirkel, in welcher es angeblich um globale „Biosicherheit", um die einheitliche miteinander verwobene Gesundheit der ganzen Erde, aller Tiere, des Klimas und aller Menschen geht, global durchgesetzt werden. In der Praxis kann die WHO dann sogar Hausärzten vorschreiben, wie sie ihre Patienten zu behandeln haben und wie eben nicht (34). Im Extremfall: Durchführung und Durchsetzung der Maßnahmen mit polizeilicher und militärischer Gewalt, trotz Nürnberger Kodex und trotz Internationalem Pakt über bürgerliche und politische Rechte.

Der sogenannte Nürnberger Kodex galt bislang als hohe ethische Richtlinie hinsichtlich der Vorbereitung und der Durchführung medizinischer, psychologischer und sonstiger Experimente an Menschen. Er gehört seit seiner Formulierung im Zusammenhang mit der Urteilsverkündung im Nürnberger Ärzteprozess in den Jahren 1946 bis 1947 zu den medizinethischen Grundsätzen in der Ausbildung von Medizinern. Der Nürnberger Kodex besagt, dass bei medizinischen Versuchen am Menschen die freiwillige Zustimmung der Versuchsperson unbedingt erforderlich ist. Das heißt, dass die betreffende Person im juristischen Sinne fähig sein muss, ihre Einwilligung zu geben, dass sie in der Lage sein muss, unbeeinflusst durch Gewalt, Betrug, List, Nötigung, Übervorteilung oder irgendeine andere Form der Überredung oder des Zwanges, von ihrem Urteilsvermögen Gebrauch zu machen, dass sie das betreffende Gebiet in seinen Einzelheiten hinreichend kennen und verstehen muss, um eine verständige und informierte Entscheidung treffen zu können (35).

Auch der Internationale Pakt über bürgerliche und politische Rechte (International Convenant on Civil and Political Rights ICCPR), als UN-Zivilpakt bezeichnet, ist ein eigentlich völkerrechtlich bindendes internationales Menschenrechtsabkommen im Rahmen der Vereinten Nationen. Der am 16. Dezember 1966 in New York verabschiedete und am 23. März 1976 in Kraft getretene Pakt gilt, zusammen mit der Allgemeinen Erklärung der Menschenrechte, als internationaler Menschenrechtskodex. Der UN-Zivilpakt garantiert in völkerrechtlich verbindlicher Form die grundlegenden bürgerlichen Freiheiten (36).

In Artikel 7 „Informed Consence", ICCPR heißt es: *„Niemand darf der Folter oder grausamer, unmenschlicher oder erniedrigender Behandlung oder Strafe unterworfen werden, insbesondere darf niemand ohne seine freiwillige Zustimmung medizinischen oder wissenschaftlichen Versuchen unterworfen werden."*

Diese Vorschrift gilt selbst im *„Falle eines öffentlichen Notstandes", der das Leben der Nation bedroht und amtlich verkündigt ist."* (ICCPR, Artikel 4 I; II)

Der WHO-Experte, Medizinhistoriker und Autor James Roguski wies m Juni 2023 in einem Interview auf folgende geplante gravierende Veränderung in den bisherigen Internationalen Gesundheitsvorschriften hin, welche im Falle der Annahme der IGV durch die UNO Anfang 2024 eine grundlegende Aussetzung aller bisherigen Menschrechtsvereinbarungen bedeuten wird (Nürnberger Kodex und ICCPR, s. vor).

Bisher hieß es in den Internationalen Gesundheitsvorschriften in Artikel 3, dass alle Gesundheitsmaßnahmen unter voller Achtung der Würde, der Menschenrechte und der Grundfreiheiten der Menschen umgesetzt werden müssen. Ein Änderungsvorschlag Indiens und anderer Staaten schlug vor, genau diese Formulierung in der neuen Fassung der IGV zu streichen. Im Zuge der kommenden WHO-Gesundheitstyrannei wird es also keine Achtung mehr vor der Würde, den Menschenrechten, der Unversehrtheit der Leiber und Grundfreiheiten der Menschen mehr geben (37)!

Die von luziferischen globalsozialistischen Machteliten finanzierten und kontrollierten Vereinten Nationen mit deren Unterorganisation WHO treten jedes internationale Menschenrecht und jedes nationale Recht zum Schutz der Rechte und der Freiheit des Individuums mit Füßen. Dann war es das ab Frühjahr 2024 auch mit Artikel 1;1, Grundgesetz (GG) BRD, wo man in frischer Erinnerung an die Zeit des Nationalsozialismus formulierte: *„Die Würde des Menschen ist unantastbar. Sie zu achten und zu schützen ist Verpflichtung aller staatlichen Gewalt."*

Die Weltgesundheitsorganisation und die Vereinten Nationen sind zwei der Hauptakteure in der Agenda für die Unterwerfung der gesamten Menschheit unter eine so noch nie dagewesene Freiheitsberaubung und Tyrannei. Ihre Pläne für die Menschheit gehen weit über die dunkelsten Alpträume hinaus, die man sich auch nur ansatzweise vorstellen kann. Die Umsetzung der Pläne der WHO ist ein bewusster Verstoß gegen zwingendes Völkerrecht. Hinter der irreführenden Lügen-Maske angeblich humanitärer Ziele der WHO verbirgt sich etwas ungemein grausam Bösartiges.

Die WHO ordnete bereits während der „Corona-Pandemie" an, dass alle sozialen Medienplattformen jegliche Wahrheit über die „Pandemie" zensieren sollten - insbesondere alle Informationen über wirklich funktionierende medizinische Lösungen - wodurch der leidenden Menschheit lebensrettende Antworten vorenthalten wurden. Tausende von Wissenschaftlern und Ärzten wurden zum Schweigen gebracht, was zum vorsätzlichen Tod von Millionen und Abermillionen von Menschen führte, die leicht durch eine der vielen bekannten wirksamen Behandlungen hätten gerettet werden können.

Darüber hinaus verbreitete die WHO die äußerst zerstörerische Lüge, ein experimenteller, unbewiesener Impfstoff sei das einzige Mittel, um die „Pandemie" zu beenden, was den Tod von weiteren Millionen Menschen und die dauerhafte Behinderung von Hunderten von Millionen zur Folge hatte. Die von der WHO begangenen Verbrechen gegen die Menschlichkeit sind unbeschreiblich grausam.

Die WHO ordneten auch Schließungen und Lockdownmaßnahmen an, die zu Millionen zusätzlicher Todesfälle führten, da die meisten Menschen nicht in der Lage waren, die dringend benötigte medizinische Versorgung zu erhalten. In der Zwischenzeit explodierten der Drogenmissbrauch und häuslicher Missbrauch. Depressionen und Selbstmorde stiegen ins Unermessliche, und Millionen von Kleinunternehmen verloren alles, während die monströsen Megakonzerne weiterhin geöffnet bleiben durften, was ihnen zusätzliche Milliarden Dollar einbrachte (38).

Mit großer Sicherheit werden künftig nicht nur allein pandemiebegründete Lockdowns kommen, wie während der anfänglichen Corona-Krise, sondern Kombinations- oder Multilockdowns, also Einsperrungen, Freiheitsentzug,

Bewegungsbegrenzungen, Kommunikations- und Kontaktbeschränkungen, Einschränkung der freien Meinungsäußerung und sonstige Maßnahmen zwecks universellem „Gesundheitsschutz" aller Menschen (physisch und mental), der Gesellschaft, sowie der Tiere, des Klimas und der ganzen Erde, eben gemäß der „One-Health"-Ideologie.

Dr. Jaques Attali, jüdischer Abstammung, geboren in Algier, französischer Wirtschaftswissenschaftler, Kulturphilosoph und Sonderberater des ehemaligen französischen Präsidenten Mitterand, verdeutlichte bereits 1981 (!) in einem Interview mit brutal offenen Aussagen die letztendlichen bösartigen Ziele, welche die hintergründigen philanthropischen Machteliten speziell mit ihren Impf- und Gesundheitsschutz-Programmen verfolgen:

*„In der Zukunft wird es darum gehen, einen Weg zu finden, die Bevölkerung zu reduzieren. Wir fangen mit den Alten an, denn sobald sie 60 oder 65 Jahre überschreiten, leben die Menschen länger als sie produzieren, und das kommt die Gesellschaft teuer zu stehen. Dann kommen die Schwachen dran, dann die Nutzlosen, die der Gesellschaft nicht dienlich sind, weil es (infolge von Wirtschaftskrise und Arbeitslosigkeit) immer mehr von ihnen geben wird. Und schließlich vor allem die Dummen, Die Euthanasie* (Sterbehilfe) *zielt auf diese (drei) Gruppen ab. Euthanasie wird ein wesentliches Element in unseren zukünftigen Gesellschaften sein müssen […] Natürlich werden wir nicht in der Lage sein, Menschen hinzurichten und Lager zu errichten. Wir werden sie los, indem wir sie in dem Glauben lassen, dass es* (mRNA-Impfun-

gen gegen alle möglichen Krankheiten und andere Gesundheitsmaßnahmen) *zu ihrem Besten dient.*

*Überbevölkerung ist etwas, das zu kostspielig und meist nutzlos ist. Auch in sozialer Hinsicht ist es viel besser, wenn die menschliche Maschine* (Für Transhumanisten ist der Mensch nicht mehr als eine biochemische seelenlose Maschine) *abrupt zum Stillstand kommt, als wenn sie sich allmählich verschlechtert* (altert und kostenintensiv pflegebedürftig wird). *Wir werden auch nicht in der Lage sein, Abermillionen von Menschen auf ihre Intelligenz zu testen [...] Wir werden etwas finden oder verursachen, eine Pandemie, die auf bestimmte Menschen abzielt [...] ein Virus, das die Alten und Fetten befällt [...] die Schwachen werden ihm erliegen. Die Ängstlichen und Dummen werden daran glauben und sich behandeln lassen. Wir werden dafür gesorgt haben, dass es eine Behandlung gibt, eine Behandlung, welche die Lösung* (zur Bevölkerungsreduktion) *sein wird. Die Auslese* (im Sinne evolutionärer Selektion) *der Idioten erledigt sich dann von selbst. Man geht selbst zur Schlachtbank* (zur mRNA-Impfung)." (39)

Letzten Endes geht es um viel mehr, als nur um Freiheitsberaubung, es geht um die möglichst effektive und gewinnbringende Verwertung auch der Leiber der Freiheitsberaubten. Es geht um die Versklavung der gesamten Menschheit, um globalen Völkermord, es geht um eine satanische Agenda.

# Transhumanismus – Die ganze Erde ein KZ?

Zu den wesentlichen ideologischen Grundlagen des Programms der globalen Machteliten und der von diesen kontrollierten WHO zählen die pseudowissenschaftliche Lehre von der Evolution und die aus dieser hervorgegangenen menschenverachtenden Ideologie des Transhumanismus.

Zu Evolution: Der Engländer Charles Robert Darwin (1809-1882) gilt als einer der bedeutendsten Naturforscher der Neuzeit und als Vater der Evolutionstheorie. Nachdem Darwin zunächst zögerte seine Arbeiten zum Thema aufgrund von Selbstzweifeln und ernsten Warnungen seiner tiefgläubigen Frau herauszugeben, erschien 1859 sein Hauptwerk *„On the Origin of Species"* (Die Entstehung der Arten). Darwins Theorie der Höherentwicklung der Arten mittels natürlicher Zuchtauswahl und Selektion (von allein, aus sich selbst heraus, durch Zufall) gilt als „wissenschaftlich" gesichert. Natürlich wurden die Evolutionstheorie und ihr „Schöpfer" von den in Aufklärung, Humanismus, Renaissance und Freimaurerei wurzelnden Vertretern der antichristlichen Denkparadigmen und der englischen Akademie der Wissenschaften frenetisch gefeiert und auf den Altar der „Wissenschaft' erhoben.

Nun ist, wie der Begriff es schon verdeutlicht, die Evolutionstheorie eine Theorie, eine antigöttliche und antibiblische Ideologie ohne wirkliche wissenschaftliche Grundlagen. Folgende naturwissenschaftliche Fakten schließen Evolution sogar grundsätzlich aus: 1. In der Natur und auch bei Fossilien ist keinerlei Makro-Mutationen (Entwicklung einer völlig neuen Art aus einer vorausgehenden) festzustellen. 2. Wo Mikro-Mutationen im Rahmen einer Spezies auftreten, sind diese immer negativ und sie werden von der eigenen Art ausgestoßen. 3. Die Tatsachen der Thermodynamik (2. Thermodynamischer Hauptsatz) und der Entropie (Wärmetod) zeigen, dass der gesamte Kosmos von abnehmender Komplexität ist und dem Zerfall und dem Wärmetod unterworfen ist, ganz in Gegensatz zur Evolutionstheorie, welche eine natürliche Höherentwicklung und Zunahme von Komplexität behauptet. 4. Die Gesetze der Genetik und der Informatik zeigen, dass die genetischen Codes einzelner Arten unabänderlich sind und dass bei allen Prozessen ein Informationsgeber und die Zuführung von Energie und Intelligenz von Außerhalb unabdingbar sind. 5. Die mathematische Wahrscheinlichkeit natürlicher positiver Evolution ist gleich Null. Dennoch:

Die Evolutionstheorie war und ist eine nicht aufgebbare pseudowissenschaftliche Grundlage für den Aufbau einer neuen postchristlichen Weltordnung ohne den biblischen Schöpfergott, für die angestrebte transhumanistische Höherentwicklung der Menschheit und der gesamten Welt.

Zum Transhumanismus: Während Darwin noch von

einer allgemeinen natürlichen Selektion, Zuchtauswahl und Höherentwicklung der Arten ausging, vertrat sein Vetter Francis Galton (1822-1911) die Ansicht, dass sich sogenannte Erbminderwertige schneller, Erbhochwertige hingegen langsamer entwickeln würden, es sei denn, es werden gegensteuernde eugenische Maßnahmen zur Verbesserung des menschlichen Erbgutes sowie gegensteuernde Sozialmaßnahmen vorgenommen. Galton benutzte zuerst den Begriff Eugenik (von gr. *„eugenes"*, von edler Abstammung). Eugenik ist die Zusammenfassung aller Ideen und Aktivitäten, die darauf zielen, die Qualität der menschlichen Rasse durch die Manipulation des menschlichen Erbgutes zu verbessern. Transhumanismus ist nichts anderes als eine Weiterentwicklung der darwinschen Evolutionstheorie, eine moderne Bezeichnung für gesteuerte Evolution der menschlichen Rasse mittels bio-genetischer Techniken, wie die Behandlung mit mRNA-Substanzen (40).

Als Transhumanismus (von lateinisch „trans", jenseits, darüber hinaus und „humanus" menschlich) bezeichnet man die utopische Ideologie, durch den Einsatz technologischer Mittel und Verfahren die natürlichen Grenzen menschlicher Möglichkeiten und Fähigkeiten zu erweitern - physisch, psychisch und intellektuell. Die modernen Transhumanisten, sprich: Eugeniker, verfolgen das Ziel der Neu-Kreation der Welt, der gesamten Menschheit sowie zugleich aller Lebewesen, im Sinne der sogenannten vierten Industriellen Revolution (4IR) und der UNO-Agenda 2030.

Das Buch des israelischen jüdischen Historikers und

Propheten der modernen Eugenik, Yuval Noah Harari, „Homo Deus - Eine Geschichte von Morgen" behandelt höchst treffend den durch Machteliten und deren spirituelles Oberhaupt angestrebten transhumanistischen Prozess der selbstgesteuerten evolutionären Weiter- und Höherentwicklung und Neu-Kreation der gesamten Menschheit.

Hariri studierte in Oxford und lehrt seit 2005 an der Hebräischen Universität Jerusalem. Sein Buch „Homo Deus" (Gott-Mensch), erreichte in zahlreichen Übersetzungen eine breite Leserschaft. Harari, der als Gesellschaftsanalytiker und Vordenker gilt, wird auch von internationalen Spitzenpolitikern geschätzt und empfangen (41). Er gilt als einer der Hauptberater des WEF.

Harari stellt im Vorspann seines Werkes „Homo Deus – Eine Geschichte von Morgen" die Frage: *„Was wird mit uns und unserem Planeten passieren, wenn die neuen Technologien dem Menschen gottgleiche Fähigkeiten verleihen - schöpferische wie zerstörerische - und das Leben selbst auf eine völlig neue Stufe der Evolution heben würden?"* Er skizziert ein Zukunftsbild, nach dem sich der „Homo Sapiens" (verstehender vernunftbefähigter Mensch) mittels selbstgesteuerter Evolution und neuer technischer Möglichkeiten in einen höherwertigeren „Homo Deus" (strahlender, leuchtender, gottgleicher, himmlischer Mensch) weiterentwickeln könne, wodurch es zugleich zur Entstehung einer neuen höherwertigen Rasse und zu einer besseren Welt kommen würde.

Das gesamte utopische Denken und Treiben der historischen und gegenwärtigen Evolutionisten und Eugeniker basiert auf folgenden Grundgedanken:

1. Normale Selektion und Evolution bewirken eine natürliche Zuchtauswahl und Höherentwicklung der Menschheit. Nur die genetischen Merkmale der stärkeren, durchsetzungsfähigeren, besser angepassten Individuen setzen sich durch und werden so weitervererbt.

2. Die natürliche Höherentwicklung wird gestört oder gar vereitelt, wenn sich alle Individuen, also auch solche mit weniger wertvollem genetischen Material, fortpflanzen können oder dürfen. Es wird gar als schädlich angesehen, genetisch fehlerhafte und minderwertige Menschen weiterleben zu lassen und ihnen Paarung zu ermöglichen.

3. Das Evolutionsziel der Höherentwicklung der Menschheit sollte von diesbezüglich kompetenten Personen, Medizinern und „Wissenschaftlern" bewusst gesteuert und beschleunigt werden: Durch die Förderung der Fortpflanzung genetisch „reiner" und „hochwertiger" Menschen, durch obrigkeitlich gesteuerte Sozialmaßnahmen, durch die Entkopplung des Homo Sapiens von allen seinen früheren Bindungen und durch künstliche Veredelung mittels moderner Technologien.

4. Die Ideen von Gleichheit, Gleichwertigkeit, Freiheit und Demokratie schaden dem hohen Ziel der Kreierung des „Homo Deus" und dessen „Schöner neuer Welt" (Huxley). Darum gilt es diese alten Paradigmen zu bekämpfen und auszuradieren (42).

Diese subhumane Ideologie ist natürlich dem Wesen

Gottes, seiner Liebe und dem göttlichen Gebot der Nächstenliebe völlig konträr, sie entspringt eifersüchtigem satanischem Hass auf die zur Gottesgemeinschaft und zur Herrschaft über die Schöpfung berufene Menschheit, auf die gesamte Schöpfung und auf die Gottheit selbst.

Der antigöttliche transhumanistische Traum auch der modernen Eugeniker ist selbstbestimmte und selbstgesteuerte Evolution und Selektion. Damit erhebt der Mensch sich selbst zu einem Gott. Die Gentechnologie eröffne dazu ungeahnte neue Möglichkeiten. In seinem Buch „Homo Deus - Eine Geschichte von morgen" benennt der Israeli Harari zugleich die Strategien zwecks Höherzüchtung und Zuchtauswahl des Menschen und der Menschheit insgesamt auf dem Weg hin zum „Übermenschen" (Nietzsche) und zum Gottmenschen „Homo Deus": Das Upgrade von Menschen zu Göttern könne durch Bio-Technologie, durch Cyborg-Technologie und Bio-Engineering erfolgen. Bioingenieure sollten den alten Körper des „Homo Sapiens" gezielt behandeln, um seinen Gencode umzuschreiben, seine Gehirnströme neu auszurichten und sein biometrisches Gleichgewicht zu verändern, mittels Nanotechnologie, mittels der Verschmelzung des menschlichen Gehirns mit Computern und Maschinen, mittels digitaler Steuerung durch „Künstliche Intelligenz" über implantierte Schnittstellen.

Der mit Hilfe der Nanotechnologie aktiv höherentwickelte neue „Homo Deus" wäre ein willenloser, leicht steuerbarer, einfach zu kontrollierender und umfassend nutzbarer

Cyborg. Infolge der künstlich angestoßenen und gesteuerten Selektion bliebe es natürlich dann auch nicht aus, dass ein Teil der Menschheit - besonders die sich den Maßnahmen und den „Segnungen" des neuen transhumanistischen Zeitalters Verweigernden - dem veredelten Teil der Menschheit und deren Elite als minderwertiges Sklavenvolk dienen muss, welches dann letztendlich als weniger wertvolles degeneriertes genetisches Menschen-Bio-Material zuerst ausgepresst und dann ausgemerzt wird.

Begrenzte eugenische transhumanistische Zucht- und Selektionsprogramme unter staatlicher Kontrolle gab es bereits vor der Zeit des Nationalsozialismus in den USA und in Großbritannien. Zur ersten umfassenden Umsetzung der eugenisch-transhumanistischen Ideologie in praktische Politik kam es zur Zeit des von angelsächsischen Banken finanzierten und von angelsächsischen Geheimdiensten unterstützten sogenannten Dritten Reiches des Nationalsozialismus. Das historische Geschehen in diesem Zusammenhang soll hier nur kurz in Stichpunktform in Erinnerung gerufen werden:

Krieg und Verwüstung - Systematische Überwachung, Kontrolle, Überwachung und Verfolgung der Gesellschaft durch Polizei und Militär - Propaganda – Atmosphäre der Angst - Rassenhygiene und Ausmerzung angeblich minderwertigen Lebens – (nicht nützliche) Juden sowie Sinti und Roma und Mitglieder anderer sogenannter minderwertiger Völker, Behinderte und Kranke, politisch Unangepasste, Systemkritiker, Kritische Pfarrer, Mitglieder religiöser Bewegungen in Internierungseinrichtungen, Umerziehungs- und Arbeitslager (Konzentrationslager KZs) verschleppt - Aberkennung aller bürgerlichen Freiheiten und Rechte der zur Vernichtung Bestimmten - Einziehung der Güter und des Besitzes der Verschleppten - Brutale Haftbedingungen, sadistische Quälerei, Folter, Vergewaltigung, Hungertod, Mord, Vergasung, Kremation oder biologische Verwertung der Leichen - Zwangsarbeit bis zu Totalerschöpfung und Tod, zum Nutzen systemkonformer Konzerne - Experimentelle medizinische Versuche an und mit Menschen durch systemkonforme empathielose Wissenschaftler und Mediziner – Grausame Versuche an Schwangeren und Ungeborenen im Mutterleib - Mord durch Giftspritzen - Rund 15 Millionen Tote – Unsagbares Leid.

Was historisch regional in den nationalsozialistischen KZs praktiziert wurde soll künftig in der bösartigen, auf die gesamte Weltbevölkerung zielenden Agenda der WHO im globalen Maßstab wiederholt werden, trotz Nürnberger Kodex, trotz des Paktes über bürgerliche und politische Rechte (International Convenant on Civil and Political Rights ICCPR), entgegen allen in nationalen Verfassungen garantierten Freiheitsrechten.

Es läuft erneut ein brutales Menschheits-Zucht-Selektions-Programm an, auf Basis einer evidenzlosen evolutionistisch-eugenisch-transhumanistischen Ideologie, unter Einsatz verschiedener Tranchen von mRNA-Substanzen mit unterschiedlichen Beimischungen in verschiedenen Ländern und Bevölkerungsgruppen, ein medizinisch-eugenisches Mammut-Experiment, diesmal mit der gesamten Menschheit! Die Geschichte wiederholt sich!

Der jüdische Staat Israel galt bereits während der Corona-Pandemie 2020 bis 2023 als ein nationales genetisches Muster-Versuchslabor für mRNA-Injektionen. Der überwiegende Teil der Versuchskaninchen (= Bevölkerung) hatte sich mehrfach der Gen-Spritze unterzogen. Israel nutzte nur „Impfstoffe" von Pfizer und versorgte den Pharmakonzern mit allen Daten hinsichtlich Impfung und Impfwirkungen. Pfizer-Chef Bourla bestätige dies in einem Interview (43).

In einer Rede vor der Bundestagswahl 2021 bezeichnete Olaf Scholz, damals noch Finanzminister, alle bereits Geimpften als *„Versuchskaninchen"* (44). War das ein Versprecher, oder wusste und weiß Scholz mehr als man der Bevölkerung sagt?

Entwicklungen hin zu der geplanten transhumanistisch-eugenischen globalen Weltordnung (Welt-KZ) zeigen sich bereits in etlichen Ländern. Der Stern berichtete im August 2022: *„In mehreren Ländern gibt es bereits ein Recht auf Selbsttötung, das alte religiös begründete Tabu wurde aufgehoben. In Kanada zeigt sich nun, dass die schlimmsten Befürchtungen der Kritiker wahr werden. [...] Dort werden Menschen mit Behinderungen und teure Patienten zur Selbsttötung animiert."* (45)

Ergänzend dazu berichtete Anti-Spiegel im Mai 2023l: *„Das kanadische Gesetz erlaubt es, Menschen mit schweren Behinderungen zu töten, wenn diese das wünschen, auch wenn kein weiteres medizinisches Problem vorliegt. [...] An-*

*statt Menschen, die einfach nur ein wenig Hilfe vom Staat in Form von Sozialarbeitern oder dem Gesundheitssystem brauchen, wird stattdessen die Selbsttötung empfohlen* (Nötigung zum Selbstmord). *Das spart Geld."*

*„Anstatt die Leben der Mitbürger zu schützen und ihnen die Hilfe zu geben, die sie für ein Leben zum Beispiel mit einer Behinderung brauchen, wird die Diskussion in Kanada jedoch sogar noch ausgeweitet. Zwei kanadische Bioethikerinnen - Kayla Wiebe, Doktorandin der Philosophie, und die Bioethikerin Amy Mullin, Professorin für Philosophie - haben in einer Denkschrift mit dem Titel ‚Die Entscheidung für den Tod unter ungerechten Bedingungen: Hoffnung, Autonomie und Schadensbegrenzung' vorgeschlagen, auch soziale Probleme durch Sterbehilfe zu lösen. Mit anderen Worten: Wer seine Armut nicht mehr erträgt, darf im Krankenhaus um die Giftspritze bitten."* (46)

Schon lange bekannt ist auch die Existenz von Lagern und Internierungseinrichtungen in den USA und in Australien, der Planungen zur Einrichtung sogenannter „Smart-Citys" oder „Smart-Areas" an bereits vielen Orten der Welt, in welche man Menschen bei künftig ausgerufenen Notständen einzupferchen und zu „behandeln" plant.

Auf den Toren der Konzentrationslager Dachau, Auschwitz, Sachsenhausen und Theresienstadt ist noch heute zu lesen: „Arbeit macht frei"

An dieser Stelle erneut einige Aussagen der Holocaustüberlebenden Vera Sharav aus ihrer zum Holocaust-Gedenktag in Nürnberg gehaltenen Rede:

*„Der Holocaust dient als archetypisches Symbol für das unermesslich Böse. Moralische Werte und menschliche Werte wurden systematisch ausgelöscht. Das Nazi-System zerstörte das soziale Gewissen. Millionen von Menschen wurden als Sklavenarbeiter zu Tode geschuftet. Andere wurden als menschliche Versuchskaninchen missbraucht [...] Wenn wir einen weiteren Holocaust verhindern wollen, müssen wir die bedrohlichen aktuellen Parallelen erkennen [...] nur wenige Menschen (erkennen) die bedrohlichen Ähnlichkeiten zwischen der aktuellen Politik und der des Naziregimes.*

*Die völkermörderische Kultur, die das Naziregime durchdrang, endete nicht im Jahre 1945. Sie metastasierte in den Vereinigten Staaten. Am Ende des Krieges halfen Agenten der US-Regierung 1.600 hochrangigen Nazi-Wissenschaftlern, -Ärzten und -Ingenieuren sich der Justiz in Nürnberg zu entziehen. Diese Nazi-Technokraten erleichterten die mörderischen Operationen der Nazis. Sie waren Hitlers Partner bei den Verbrechen gegen die Menschlichkeit. Sie wurden im Rahmen der Operation ‚Paperclip' heimlich in die USA geschmuggelt. [...] Diese Nazi-Verbrecher wurden in hochrangigen Positionen der großen amerikanischen wissenschaftlichen und medizinischen Einrichtungen untergebracht, wo sie ihre Arbeit fortsetzten. Überdies bildeten diese Nazi-Technokraten eine (neue) Generation amerikanischer Wissenschaftler, Ärzte und Ingenieure aus.*

*Die Neigung, die Optionen der Nazis zu duplizieren und erneut Millionen von Menschen zu vernichten, bleibt eine schreckliche Bedrohung. [...] Die Menschheit wird derzeit von den globalen Erben der Nazis belagert. Eine Gruppe skrupelloser, miteinander verbundener, globaler Milliardäre hat die Kontrolle über die nationalen und internationalen Institutionen übernommen. Sie haben mit der Umsetzung einer teuflischen Agenda begonnen: Umsturz der Demokratie und der westlichen Zivilisation. Depopulation der Weltbevölkerung. Abschaffung der Nationalstaaten und Einführung einer Weltregierung.*

*Das ist die neue Eugenik. Sie wird von den mächtigsten globalen Milliardär-Technokraten, die sich in Davos versammeln, befürwortet: Big Tech, Big Data, die Finanzoligarchen, Akademiker, Regierungsvertreter und der militärisch-industrielle Komplex. Diese Größenwahnsinnigen haben den Weg für einen weiteren Holocaust geebnet. Statt Zyklon-B-Gas sind die Massenvernichtungswaffen diesmal gentechnisch hergestellte injizierbare Biowaffen, die sie als Impfstoffe tarnen."* (47)

Angesichts des Rückblicks auf die Gräuel des Nationalsozialismus und der offensichtlichen Palallelen zum gegenwärtig anlaufendem transhumanistisch-technokratischen Globalsozialismus muss die Überschrift dieses Abschnittes nicht mit einem Fragezeichen, sondern mit einem Ausrufungszeichen versehen werden: Transhumanismus – Die ganze Erde ein KZ!

Der Mensch: Geschaffen in Gottesebenbildlichkeit, berufen in Freiheit und Würde in der Gemeinschaft mit seinem Schöpfergott zu leben, die Schöpfung zu beherrschen und zu genießen (48).

Satan: Ein Menschenmörder von Anfang an. Er reißt die Menschen in Verderben und Tod. Sein eifersuchts- und hassgetriebenes Ziel ist die Versklavung und Vernichtung der gesamten Menschheit (49).

Satan: Ein gnadenloser Tyrann, der die Völker schonungslos schlägt, überwältigt, vergewaltigt und niederwirft (50).

Gott: Er liebt die Menschenkinder als seine ganz besonderen Geschöpfe, obwohl die Menschen sich gegen ihren Schöpfer auflehnten, dessen Heil verwarfen und sich dem Bösen öffneten und so unter die Gewalt der Sünde und des Todes gerieten. Und Gott bewies seine Liebe zu allen Menschen, indem er seinen Sohn für sie dahingab (51).

Jesus Christus: Er trug am Kreuz stellvertretend Tod und Gericht, die Strafe für die Sünden der ganzen Welt. Er erstand von den Toten, besiegte die Macht des Bösen und des Todes. Wer an ihn glaubt, empfängt Vergebung aller seiner Sünden, ewiges Leben und die Garantie der Heimholung und Rettung heraus aus dieser Welt in sein himmlisches Reich.

Jesus Christus: Er ist der einzige Ausgang heraus aus diesem sich entwickelndem Welt-KZ (52).

# Die neue Herrschaftsform Technokratie

Es ist schwierig treffende Begrifflichkeiten für das zu finden, was sich seit Beginn der Corona-Krise im März 2020 in der gesamten Welt abspielt. Sozialismus, Kollektivismus (dem Wohlergehen des Kollektivs wird höhere Priorität eingeräumt als dem des Individuums), Überwachungskapitalismus, Korporatismus (Einbindung von z. B. Konzerninteressen in die Politik), Bioethik, Eugenik und Transhumanismus sind Begriffe, mit denen man die gegenwärtig laufende globale Transformation zu charakterisieren sucht. Jedoch die all diesen zugrunde liegende Weltanschauung ist die total inhumane Ideologie der Technokratie, die Idee einer totalen digitalen Steuerung, Kontrolle und Beherrschung der gesamten Welt mithilfe eines lückenlosen globalen digitalen Geflechtes aus Datensammlung, Datenverarbeitung und Datenauswertung. Spätestens seit Beginn der „Neuen Normalität" manifestiert sich das Konzept der Technokratie überall im Alltag der Menschen in Überwachung, Tracking, Erfassung von Konsum, Einstellungen und Verhalten. Ziel dieser Entwicklung sind die Durchsetzung der „Agenda 2030" sowie die Verwirklichung der sogenannten UN-Nachhaltigkeitsziele „Sustainable Development Goals" zwecks Errichtung einer totalitär-digitalen Welt, in der jeder Mensch von der Wiege bis zum Grab erfasst, gesteuert, genutzt, kontrolliert, bewertet und ab dem Zeitpunkt, da er nicht mehr nützlich und verwertbar ist, mittels Sterbehilfe (Euthanasie) entsorgt wird.

Wir kannten bislang Herrschaftsformen wie Demokratie, Monarchie oder Theokratie (Gottesherrschaft oder religiöse Herrschaft, z.B. Islam). Vor unseren Augen entfaltet sich gegenwärtig mit rasanter Geschwindigkeit die neue bedrohliche finstere Art globaler Herrschaft der transhumanistischen Technokratie, was von der manipulierten, verblendeten Mehrheit des Großteils unserer Zeitgenossen überhaupt nicht mal realisiert wird.

Der Begriff Technokratie ist eine Zusammensetzung der altgriechischen Ausdrücke *„techne"* (Fertigkeit) und *„kratos"* (Macht oder Herrschaft). Kratos ist in der griechischen Mythologie der Gott der Macht. Technokratie ist also die Fertigkeit und Technik der Machtausübung durch Technokraten und technokratische Mittel (53).

Technokratie ist eine absolut kalte, unpersönliche und rationalisierte Herrschaftsform, in der die Gesellschaft von nicht vom Volk gewählten „Experten" aus Wissenschaft, Wirtschaft, Finanzwelt allein nach den Gesichtspunkten Effizienz, Nützlichkeit und Wirtschaftlichkeit verwaltet wird, unter Einbeziehung aller zur Verfügung stehenden technischen Mittel. Technokratie lässt keinen Raum für Spontanität, Emotionalität, Liebe, Wärme, Menschlichkeit und Ermessensspielräume. Selbst intuitiv Richtiges wird kategorisch ausgeschlossen und unterbunden, wenn es der totalen Machtausübung hinderlich ist (54).

Technokraten sind menschenverachtende, dem wahren Leben entfremdete „Fachidioten" und Menschenfeinde, die isoliert in ihren eigenen Wahn-Plan-Vorstellungen, in ihren eigenen Weltmodellen leben. Sie sind absolut kalt und empathielos gegenüber dem normalen natürlichen Menschen und der normalen menschlichen Gesellschaft. Der Technokrat glaubt an nichts, er hat keine Moral, er geht über Leichen, er empfindet nichts und glaubt, alles zu wissen (55).

Das grundlegende Gedankenkonzept der Technokratie entstand bereits Anfang des vergangenen Jahrhunderts in den USA. Was die Herrschaftsform der Technokratie für die ganze Welt gegenwärtig so gefährlich macht, das sind die heute zur Verfügung stehenden digitalen und technischen Mittel sowie die neu entwickelten pharmazeutisch-medizinischen Gen-Techniken. Damit wurden den global operierenden, luziferisch-freimaurerischen, skrupellosen Technokraten erstmalig Werkzeuge zu einer umfassenden totalen Kontrolle der gesamten Welt und Menschheit in die Hand gegeben.

Während Transhumanismus und Eugenik primär das Ziel der Veränderung des „Homo Sapiens" an sich, die gezielte Steuerung seiner Fortpflanzung, Evolution und Selektion verfolgen, geht es bei der Herrschaftsform Technokratie darüber hinaus um das Konzept eines totalen verbrauchsgesteuerten Managements der gesamten Weltbevölkerung, ja des gesamten Planeten mit seinen Ressourcen samt Flora und Fauna. Die globalen Machteliten sehen in der Ideologie der transhumanistischen Technokratie ein Werkzeug zur Umsetzung ihrer totalitären Visionen und Phantasien von Monopolismus, Hegemonie und globaler Bevölkerungskontrolle. Technokraten betrachten nationale Regierungen, Staaten und Währungen und auch unprofitable Menschen (die zu entsorgen sind) als überholt und nicht in die aktuelle Zeit passend. Zudem, so die Überzeugung der technokratischen Machteliten, sei Technologie nicht bestechlich, weniger fehleranfällig und frei von sogenannten humanen Störfaktoren, wie Moral, Religion, Ethik oder Empathie, die alle einer umfassenden effizienten Verwertung aller menschlichen und globalen Ressourcen gemäß UN-Nachhaltungszielen im Wege stehen. Denkt man das Konzept der transhumanistischen Technokratie konsequent zu Ende, führt diese brutal inhumane Ideologie in letzter Konsequenz zur Abschaffung jeder freiheitlichen Gesellschaft, der freien Marktwirtschaft, zur Abtötung jeder Individualität, zur totalen Versklavung der gesamten Menschheit und schlussendlich zur Abschaffung auch des Geistwesens des eigenständig denkenden spirituell-religiösen Menschen an sich, der, als reines Nutzvieh in Hähnchen-Zucht-Batterien vergleichbaren „Smart Citys" eingepfercht und gehalten, aus Optimierungsgründen nach Ablauf seiner Nutzungsdauer der Sterbehilfe, der „freiwilligen" Selbsttötung und Bioverwertung seines Leichnams zugeführt wird.

Das in der Sciencefiction-Kult-Serie „Star Trek" erscheinende Volk der „Borg" ist ein erschreckendes dystopisches

(Vor)Bild für die Art Wesen, welche die transhumanistischen Technokraten zu kreieren planen. Die „Borg" tragen in ihren Körpern sich selbst organisierende Nanoroboter (Nanocomputer / Mikromaschinen), die autonom funktionieren oder, von außen gesteuert, die DNA umschreiben, weitere bio-technologische Veränderungen im Körper des Cyborgs vornehmen, je nach gewünschter KI-gesteuerter Einsatz-Nutzung (56). Das globale transhumanistisch-technokratische Programm stellt somit eine grundlegende Bedrohung für die Spezies Mensch dar, es führt zur systematischen Entmenschlichung.

Die wesentlichen Voraussetzungen zur Verwirklichung der globalen Herrschaftsform der Technokratie und der totalen Kontrolle, Überwachung und Steuerung sind einerseits die umfassende Digitalisierung und digitale Erfassung allen Geschehens auf dem Planeten Erde und die effektive Ausnutzung aller humanen und globalen Ressourcen und andererseits die Digitalisierung aller Menschen, die Schaffung einer globalen Cloud, die Verschmelzung der realen Welt mit einer digitalen KI-gesteuerten (Phantasie)Welt (Metaverse), die Markierung eines jeden Individuums mit einer persönlichen ID sowie die transhumanistische Umgestaltung des Menschen selbst.

Allein deshalb kann das Ziel der umfassenden Verabreichung von mRNA-Substanzen - vermischt mit Graphen, Nanorobotern, und anderen den Körper leitfähig machenden Stoffen und Partikeln – niemals aufgegeben werden. Unerlässlich zur Durchsetzung des technokratischen Totalitarismus sind die Installation des „Internet of Things", des „Internet of Bodies" sowie eine globale Cloud, in welche alles eingebunden ist, über welche alles vernetzt, gesteuert und kontrolliert werden kann. Wenn das nicht verwirklicht werden kann, funktioniert das ganze System nicht. Deshalb wohl die bösartige verbissene Hektik der globalistischen Technokraten. Ihr Zeitfenster ist recht klein und je mehr Menschen diese abartigen Pläne durchschauen und sich verweigern, desto schwieriger und enger wird es für sie.

Bereits 1970 forderte der sehr einflussreiche Vordenker der Neuen Weltordnung, Zbigniew Brzezinski (1928-2017) in seinem Buch „Between Two Ages" die baldige Abschaffung der liberalen Demokratien und den Aufbau einer neuen umfassend kontrollierten und gesteuerten technokratischen Welt-Gesellschaft. Gemäß Brzezinski müsse die künftige Gesellschaft von einer Elite beherrscht werden, deren Anspruch auf politische Macht in ihrem (angeblich) überlegenem wissenschaftlichem Wissen gründe, völlig ungehindert durch die Beschränkung früherer traditioneller und liberaler Werte. Diese Elite müsse ihre politischen Ziele ohne jede Rücksichtnahme konsequent durchsetzen, unter Nutzung der neuesten mordernsten Techniken zwecks Beeinflussung und Steuerung der Massen und zwecks strengster Kontrolle und Überwachung der Gesellschaft. Damit sei zudem eine höhere wirtschaftliche und technologische Dynamik zu erreichen, von der (allein) die Elite profitieren würde. Gemäß der Ideologie der Internationalisten, Globalisten und technokratischen Machteliten hat die Demokratie als Herrschaftsform ausgedient. Auf dem Weg in die Zukunft sei eine neue Herrschaftsform - eben die der Technokratie - unerlässlich, weil sonst die Herausforderungen der Zukunft nicht zu bewältigen seien. Nötig sei eine umfassende globale Transformation (Great Reset) (57).

Man halte sich die grundlegenden Ziele technokratischer Herrschaft nochmals vor Augen:

1. Die Entscheidungsgewalt wird von den bisherigen demokratisch gewählten nationalen staatlichen Institutionen auf „Expertenkommissionen" übertragen, die sich zusammensetzen aus Vertretern aus Big-Data, Big-Money, Big-Pharma, Big-Business, Militär und Geheimdiensten. Der Wille der Menschen, der Völker und nationalen Regierungen spielt keine Rolle mehr, man hat zu tun, was die Machteliten anordnen.

2. Die nationalen Regierungen nehmen eine nur noch untergeordnete Verwaltungsfunktion war, sie sind zuständig für die Umsetzung der von den technokratischen „Expertenkommissionen" vorgegebenen Anweisungen, für das Einbringen des Steueraufkommens und die Aufrechterhaltung der inneren Sicherheit mittels der Militär- und Polizeikräfte.

3. Oberstes Ziel ist die möglichst effektive und optimalen Gewinn generierende Nutzung, Kontrolle und Verteilung aller planetarischen Ressourcen (menschliche Bio-Masse, Rohstoffe, Tiere, Pflanzen, Wasser, Atemluft usw.) zum Nutzen nicht der Menschheit allgemein, sondern allein der Elite (Stakeholder-Kapitalismus).

4. Die Ziele der Eliten werden ohne jeden Skrupel unter Einsatz allermodernster Techniken und Mittel (wie mRNA-Technologie, Digitalisierung und KI) und bei Bedarf unter Gewaltanwendung verfolgt und durchgesetzt.

5. Die Bevölkerung wird per Propaganda weiterhin angsttraumatisiert und belogen. Alle Maßnahmen werden als angeblich alternativlose Sachzwänge zur Lösung aller Probleme und zur Rettung der Erde und der Menschheit dargestellt, bei gleichzeitigem Versprechen einer künftigen schöneren, besseren neuen Welt eines transhumanistischen Paradieses.

Andere Begriffe für diese neuen technokratischen Machtstrukturen sind: Global Governance oder Multilateralismus. Darauf steuern wir gegenwärtig hin

Von höchster Aktualität in diesem Zusammenhang sind folgende Vortrags-Aussagen aus den schon zuvor erwähnten Illuminaten-Protokollen, die auch hier ein wenig dem aktuellen Sprachgebrauch angeglichen wurden:

*„Ohne absoluten Despotismus* (Gewaltherrschaft, grausame Tyrannei) *gibt es keine Zivilisation [...] Unsere Lösung ist: Gewalt und Hinterlist. Nur die Gewalt allein siegt in der Politik [...] Dieses Übel ist das einzige Mittel, um zum Ziel, um zum Guten zu gelangen. Daher dürfen wir uns von Bestechung, Betrug und Verrat nicht abhalten lassen, sobald dies für unser Ziel dienlich sein kann. [...] durch rücksichtslose Härte [...] werden wir siegen und alle* (nationalen) *Regierungen unserer Oberherrschaft unterwerfen."* (58)

*„Dann wird unser internationales Recht alles nationale*

*Rechte beseitigen und über die Völker herrschen. [...] Wir sind von Gott auserwählt, über die ganze Welt zu herrschen."* (59)

*"Unsere oberste Regierung* (Technokratie, Global Governance, Multilateralismus) *befindet sich in einem außergesetzlichen* [über jedem nationalen Recht stehenden] *Zustande, den man mit Fug und Recht mit dem mächtigen und energischen Worte Diktatur bezeichnen kann [...] wir gegenwärtig bereits die Gesetzgeber* (der ganzen Welt) *sind."* (60)

*"Unentwegt verkündigen wir* (der Bevölkerung), *dass uns bei allen unseren Maßnahmen, stets nur die Hoffnung und die Sorge um das Gemeinwohl und die* (öffentliche) *Sicherheit leiten."* (61)

*"Man kann nicht regieren ohne einen festen Plan [...] Unsere Weisen* (Illuminaten) *werden die Zügel der Regierung nur denjenigen anvertrauen, welche die Fähigkeit besitzen, mit unbedingter Festigkeit, ja notfalls mit Grausamkeit zu herrschen."* (62)

Der Schriftsteller und Philosoph Erst Jünger (1895-1998) sagte, wohl auch unter dem Eindruck der Zeit des Nationalsozialismus: *"Die grauenvollste* (Zukunfts-) *Aussicht ist die der Technokratie – einer kontrollierenden Herrschaft, die durch verstümmelte* (deformierte, entstellte, kranke) *und verstümmelnde Geister ausgeübt wird."* (63)

Wenn das Herrschaftsmodell transhumanistische Technokratie global umgesetzt wird, bedeutet dies das Ende des natürlichen Menschseins, das Ende der Spezies Mensch an sich. Zu Ende sind dann Freude, Liebe, Glücklichsein, Lachen, Spontanität Emotionalität, schöpferisches Wirken, strahlende Kinderaugen, frohe Gemeinschaft, Frieden und Freiheit. Zu Ende wäre dann all das, was der Schöpfer in seiner Liebe für die von ihm geschaffenen Menschenkinder wollte und noch will. Dann wäre die gesamte Menschheit am Ende nur noch eine apathische sich dahinschleppende ausgelaugte und brutal ausgenutzte Masse von freiheitsberaubten Sklaven, wie früher die KZ-Insassen.

China ist das Pilotprojekt, das Vorbild der neuen Herrschaftsform Technokratie, die so künftig auch in Europa und der gesamten Welt durchgesetzt werden soll.

China verfolgt in enger Zusammenarbeit mit der WHO eine brutale Zero-Covid-Strategie. Wenn in riesigen Wohngebieten oder Metropolen nur ein minimaler Prozentsatz von PCR-positiv oder -falschpositiv getesteten Fällen auftritt (künftig weitere Pandemien geplant), werden sofort Millionen von Menschen in den totalen Lockdown versetzt. Die Bevölkerung ganzer Metropolen, wie beispielsweise Schanghai, wird zwangsweise systematisch regelmäßig getestet und durchgeimpft, durch immer neue Lockdowns und totalitäre, technologische Übergriffe in Angst gefügig gehalten. Das Smartphone (künftig körperintegrierte digitale Chips und IDs) dient den Machthabern als „Fußfessel". Wer sich an die staatlichen Auflagen hält bekommt im Rahmen des Sozialkredit-Programms Punkte gutgeschrieben. Wer sich den Auflagen und Maßnahmen widersetzt, den erlaubten Bewegungsradius verlässt, Testzyklen nicht einhält, muss mit

Sanktionen, mit Punktabzug auf seinem Sozialkredit-Konto rechnen, wodurch ihm der Zugang zu weiten Bereichen des gesellschaftlichen Lebens oder der Zugriff auf sein Bankkonto verwehrt ist. Überall patrouillieren Sicherheitskräfte, Drohnen oder KI-gesteuerte Roboter. Überall, sogar in vielen Wohnungen sind Überwachungskameras mit Software zur Erfassung der biometrischen Daten installiert. Es gibt so gut wie keinen Privatbereich mehr. Widerstand ist zwecklos und verhallt im anonymen Raum einer nicht greifbaren digitalen Bürokratie. Ordnungswidrigkeiten und Straftaten werden durch virtuelle, KI-gestützte digitale „Richter" geahndet. Dauerhaften Verweigerern drohen Quarantänelager, aus denen etliche nicht mehr zurückkehren. Alte, politisch oder religiös Unangepasste, Kritiker jeder Art, wirtschaftlich nicht mehr Verwertbare, Impfopfer und Impfgeschädigte werden ebenfalls in Lagern entsorgt.

Zudem wird immer wieder die Wirtschaft heruntergefahren, mit der Folge, dass viele nicht mehr zur Arbeit gehen, einkaufen und sich ernähren können und verzweifelt Selbstmord begehen oder verhungern. Wo zwecks Aufrechterhaltung einiger wichtiger Wirtschaftsbereiche Mitarbeiter arbeiten dürfen, leben diese auf dem Firmengelände unter unmenschlichen Bedingungen, eingepfercht in überbelegten Schlafsälen ohne jede Privatsphäre. Innerbetriebliche Kontakte in der Verwaltung erfolgen wesentlich virtuell. In anonymer Schutzbekleidung verhüllte Sicherheitskräfte hindern die Arbeitenden das Werksgelände zu verlassen und nach Hause zu ihren Familien zu gehen. Die ständigen

Lockdowns der Wirtschaft führen zusätzlich zum Zusammenbruch von Lieferketten, zu Warenverknappung, Preissteigerungen und wirtschaftlicher Not, zu Wirtschaftskrisen in der ganzen Welt.

Technokratie führt zur totalen systematischen Entmenschlichung! Technokratie ist die brutale, gnadenlose, satanische Versklavung der Menschheit. Ob es den Machteliten dieser Welt tatsächlich gelingt, das chinesische Modell auf die gesamte Welt zu übertragen, eine globale transhumanistische Technokratie durchzusetzen, bleibt abzuwarten. Das ganze System funktioniert nur bei dauerhaft sicher funktionierenden elektrischen und digitalen Netzen. Eine größere Katastrophe, und das ganze System fällt wie ein Kartenhaus in sich zusammen und die Welt versinkt in unvorstellbarem Chaos.

*„Dann* (in der letzten Zeit) *wird eine große Drangsal sein, wie von Anfang der Welt an bis jetzt keine gewesen ist, seitdem es Völker gib und auch keine mehr kommen wird."* (64)

*„Suchet mich* (spricht Gott), *so werde ihr leben."* (65)

# Künstliche Intelligenz – Die neue digitale Gottheit

Jedes Machtsystem benötigt unbedingt einen ideologischen Überbau und einen ideologischen Konsens zwecks gesellschaftlicher Harmonisierung und Gleichschaltung. Das gilt besonders für totalitäre Systeme.

Insbesondere seit der Zeit der Aufklärung ab 1700 n. Chr. begann das bis dato wesentlich christlich-jüdisch geprägte Europa im Streben nach vermeintlicher totaler Freiheit den Gott der Bibel und die biblischen Lehren und Glaubensinhalte zu verwerfen. Derzeitig erleben wir die letzte gezielte Abwicklung aller früheren christlich-traditionellen Paradigmen und Werte. Das entstandene geistig-spirituelle Vakuum muss spätestens jetzt mit neuen religiösen Inhalten gefüllt werden. Auch das Herrschaftssystem Technokratie benötigt eine Religion, eine an das Gesamtkonzept angepasste digitalisierte Religion mit einer digitalen „Gottheit".

Zu jeder menschlich erdachten Religion gehören: Ein Prophet, eine Heilslehre, das Irdische und die Ewigkeit betreffende Heilsverheißungen sowie ein höher-menschliches Beobachtungs-, Belohnungs- und Bestrafungssystem sowie ein Kult.

Die transhumanistisch-technokratische Machtelite kreierte eine neue systementsprechende digitale Religion, die Religion des *„Dataismus"* (66) und in der „Künstlichen Intelligenz" KI zugleich eine neue digitale „Gottheit", welche vermeintlich allwissend das Leben und das Schicksal der gesamten Menschheit und des Planeten steuert, überwacht, welche die Guten und Gehorsamen belohnt und bei Ungehorsam strafend eingreift (67). Die Ausübung des Kultes erfolgt in der gläubigen Unterwerfung der Masse unter das allumfassende digitale System. Die Teilnahme der Massen an diesem digitalen Kult wird nirgendwo so deutlich wie in der ständigen suchtartigen Nutzung des Smartphones, wodurch alle Individuen geistig und emotional gleichgeschaltet und beeinflusst, gesteuert und überwacht werden.

Die Ausübung der gottartig-hoheitlichen KI-Gewalt erfolgt über sogenannte neuronale Netzwerke, wodurch, mittels Datensammlung, Datenauswertung, Datensteuerung und Überwachungstechnik, die „Gottheit" KI eine gewisse gottartige Allwissenheit, Allgegenwart und Allmacht erhält.

Um diese neue technokratisch-digitale Religion recht zu verstehen, zunächst einige wichtige Begriffserklärungen

### 1. Dataismus:

Gemäß dem Propheten dieser neuen digitalen Religion, dem jüdisch-israelischen Sozialwissenschaftler Yuval Noah Harari, ist *„Dataismus"* eine Ideologie, eine neue Form von Religion, in welcher digitale Daten den höchsten erstrebenswerten Wert darstellen.

In voller Übereinstimmung mit allen Vertretern des sogenannten wissenschaftlich atheistischem Rationalismus, die ja das biblische Postulat einer Schöpfergottheit als Person leugnen, die rein materialistisch denken und die Evolutionstheorie vertreten, betrachtet auch Harari das gesamte Universum mit allem darin Seienden (Entitäten) als ein Datenfluss- und Datenverarbeitungssystem. Letzteres ist zunächst durchaus richtig. Der gesamte Kosmos ist ein hochkomplexes System elektromagnetischer Wellen, also von Prozessen, die auch in Datensätzen und Datenströmen dargestellt werden können. Das gilt auch für alles auf der Erde ablaufende materielle Geschehen. So ist es für Harari und Genossen logisch, auch den Menschen als eine voll in das kosmische Datenfluss- und Datenverarbeitungssystem eingebundene, rein materielle bio-chemische „Maschine" zu betrachten, die besonders über ihr Gehirn mit dem Datenflusssystem Kosmos vernetzt ist (38).

Diese ihre materialistische aber durchaus auch pseudoreligiöse Weltanschauung ist ja dann auch der Ausgangspunkt für all die utopischen Pläne der Transhumanisten, alle Menschen mittels mRNA-Substanzen leitfähiger zu machen, ihre DNA umzuschreiben, sie zu chippen und gezielt in eine KI-gestützte globale digitale Cloud zu integrieren, eine neue Menschheit 2.0 zu kreieren und so die gesamte Welt in einen neuen Heilszustand einer schönen neuen Welt, eines totalen digitalen Metaverse, eines digitalen Paradieses auf Erden ohne den biblischen Gott hineinzuführen.

## 2. Künstliche Intelligenz KI und Künstliche Neuronale Netzwerke KNN:

Um zu verstehen, worum es bei Künstlicher Intelligenz KI und Künstlichen Neuronalen Netzwerken geht, ist es hilfreich, sich mit der natürlichen menschlichen Intelligenz und einigen Grundfunktionen des menschlichen Gehirns, mit dem Schöpfungs-Original vertraut zu machen. Denn künstliche Intelligenz (KI) und Künstliche Neuronale Netzwerke (KNN) sind nur der Versuch einer künstlichen Kopie des göttlichen Schöpfungs-Wunder-Produktes des menschlichen Gehirns, auf rein technisch-materieller Basis. Künstliche Neuronale Netzwerke sind also Algorithmen, die der Funktionsweise des menschlichen Gehirns nachempfunden sind (69).

Das menschliche Gehirn ist ein hochkomplexes Netzwerk von Nervenbahnen und Nervenknotenpunkten. Die Nervenzellen, die Neuronen, sind die Grundeinheiten des Systems Gehirn bei jeder Form von Informationsverarbeitung und Informationsweiterleitung. Die Neuronen des Zentralnervensystems sind verknüpft mit zahllosen weiteren Nervenzellen, Neuronen, die über ihre Synapsen (sozusagen die Verdrahtungen) alle Informationen weitergeben, austauschen oder nach Verarbeitung zurückleiten. Die Signalweitergabe und Signalverarbeitung erfolgt in der Regel über graduelle bio-elektrische Prozesse und Impulse in Form von Bits, 1 = Strom, 0 = kein Strom.

Die Sinnesorgane, wie Augen, Ohren und Nase mit ihren Nervenzellen, bilden die Eingabeebene (Input Layer), wo die von Außerhalb einlaufenden Impulse aufgenommen und zur Verarbeitung an das neuronale Netzwerk des Gehirns (Hidden Layer) weitergeleitet werden. Dort werden diese Informationsdaten verarbeitet und abschließend zur Ausgabeebene (Output Layer) weitergeleitet. Die Ausgabeebene, das sind die Organe und Glieder des menschlichen Körpers, die aufgrund der an sie ausgegebenen Informationen entsprechend reagieren.

Als simpel vereinfachtes Beispiel: Das Auge (Input Layer) erkennt in einem heranrasenden Auto eine Gefahr. Die Aufnahmeimpulse werden an das Zentralnervensystem (Hidden Layer) weitergeleitet, welches die Informationen verarbeitet und entsprechende Impulse an andere Organe (Output Layer) weiterleitet, an das Herz (Erhöhung der Herzfrequenz) und an die Beine (wegspringen). Das alles in blitzartiger Geschwindigkeit.

Die Art und Weise und die Schnelligkeit des Ablaufs derartiger in der Realität natürlich hochkomplexer Prozesse versucht man mit Begriffen wie Intelligenz zu beschreiben.

Unter Intelligenz versteht man die Fähigkeit eines menschlichen Individuums, insgesamt komplexe Informationen zu verstehen, zu verarbeiten und daraus angemessene Schlussfolgerungen zu ziehen beziehungsweise angemessen zu reagieren. Intelligenz umfasst auch kognitive Prozesse, wie Wahrnehmung, Lernen, Erinnern, Problemlösung, Erfahrungsverarbeitung, kritisches Denken und Entscheidungsfindung. Intelligenz wird durch eine Kombination von genetischen Faktoren und Umweltfaktoren beeinflusst und kann durch Bildung, Erfahrung und Training verbessert werden. Es gibt verschiedene Theorien und Modelle, die versuchen, Intelligenz zu messen, darunter IQ-Tests. Im Allgemeinen unterscheidet man zwischen der sogenannten fluiden (flüssigen) Intelligenz, der gesamten geistig-intellektuellen Leistungsfähigkeit eines Menschen sowie der kristallinen (festen) Intelligenz, der Art und Weise der Anwendung von Wissen und persönlichen Lebenserfahrungen (70).

Nun zu Künstlicher Intelligenz (KI) und Künstlichen Neuronalen Netzwerken (KNN):

Was die Begrifflichkeiten schon nahelegen: Von Menschen programmierte KI und von Menschen konstruierte KNN sind der Versuch einer menschlichen vereinfachten Nachbildung des göttlichen Wunderwerkes Mensch mit Gehirn auf rein materieller Ebene in Form von Hardware und Software.

Künstliche Intelligenz (KI) nutzt Computer und Computerprogramme sowie computergesteuerte „Maschinen" mit Eingabeebene, künstlichem neuronalem Rechner-Netzwerk und Ausgabeebene um die Problemlösungs- und Entscheidungsfähigkeiten des menschlichen Gehirns und Verstandes nachzuahmen (!).

Bei KI und KNN handelt es sich um ein Gebiet, in welchem die Disziplinen Informatik, Datenverarbeitung, Statistik und Wahrscheinlichkeitsberechnung kombiniert werden, um Problemlösungen zu entwickeln, mit Hilfe von Algorithmen (vorgeplanten Einzelschritten) in Form zuvor programmierter Computerprogramme, programmiert durch unvollkommene oder von einer Ideologie getriebene menschliche Programmierer. Man versucht in Form hochkomplexer Programme oder vernetzter Programme auf der Basis digitaler Netzwerke eine Art digitales „Experten- und Entscheidungssystem", eine Art digitale Intelligenz, eine Art digitale Gottheit zu schaffen, wodurch die gesamte Welt überwacht, kontrolliert und gesteuert werden soll (71).

Das ist die vom Propheten des digitalen Zeitalters, Harari, verkündigte neue Religion des Dataismus: KI, die digitale „Gottheit", herrscht mittels eines globalen Künstlichen Neuronalen Netzwerkes über alle in dieses eingebundene Individuen sowie über alles auf Erden Seiende – allerdings und das ist wichtig und zugleich der entscheidende Unterschied, KI ist keine göttliche Persönlichkeit mit echten Attributen einer Persönlichkeit. KI besteht nur aus Algorithmen und Programmen, die zuvor von menschlichen Programmierern aus den Reihen der transhumanistischen technokratischen Machteliten entsprechend deren Interessen geschrieben wurden.

Die ganze lebende Menschheit - natürlich nur diejenigen welche den eugenischen Selektionsprozess des Transhumanismus überleben und sich zu einem angeblichen „Homo Deus" entwickeln - die ganze Erde, sogar der direkt umliegende Weltraum, sollen mit einem gewaltigen Künstlichen Neuronalen Netzwerk überzogen und durchdrungen werden. Die Teilelemente dieses Netzwerkes sollen sein: Satelliten, engmaschige 5G- und 6G-Funknetze, Handys, Smart-Watches, Handy-Tracking, Payback-Karten, Digitale Bezahlmethoden, zentrale Rechnerknotenpunkte, ultraschnelle Quantencomputer, Überwachungsdrohnen, zahllose Überwachungskameras, Gesichts-, Bewegungs- und Iriserkennung, Zensur-Scannung von Mails und sozialen Netzwerken und jedes örtlichen PCs, Smartmeter in jedem Haus, „Internet of Things", persönliche ID für jeden Erdenbewohner, Digitalisierung aller Individuen, auch der Nutz- und Wildtiere, mittels mRNA-Substanzen, Chippen aller Individuen, schließlich das „Internet of Bodies", die Einbindung aller Gehirne in eine globale Brain-Cloud. Das alles zunächst getestet in Pilotprojekten, bezeichnet als „Smart-Cities" und „Smart-Areas", wenn möglich in weiteren Schritten ausgeweitet über die ganze Erde und bis hinein in den Kosmos.

Noch einmal zurück zum Thema Künstliche Intelligenz:

Man unterscheidet zwischen sogenannter schwacher KI und sogenannter starker KI beziehungsweise künstlicher Hyper-Intelligenz. Erstgenannte ist in vielen Bereichen unseres Lebens durchaus hilfreiche Normalität, zum Beispiel in der Steuerung von elektronischen Geräten, Navigationssystemen, autonomen Fahrzeugen und Maschinenführung und schneller Verarbeitung großer Datenmengen durch Programme, die in der Lage sind, durch Datensammlung, statistisch auswertenden Datenrückfluss, Steuerungsprozesse zu optimieren, aber eben immer nur in den absolut festen Grenzen der vorherigen Programmierung!

Die Annahme der Möglichkeit einer evolutionären Weiterentwicklung von KI (= Computerprogramme) durch Selbstorganisation aus sich selbst heraus ist eine Illusion.

Wenn bei Lebewesen in der Biosphäre keine Makro-Mutationen möglich ist, dann erst recht nicht im Bereich unbelebter Materie. Wenn man einen PC mit installierten Programmen und einigen Peripheriegeräten in einen Wald stellt und sich selbst überlässt, dann wird dieser niemals von allein zu einen Quantencomputer mutieren, sondern zu einem Haufen unbrauchbarem Elektronikschrott werden.

Künstliche Hyper- oder Super-Intelligenz bleibt bis dato eine rein theoretische Form von KI, bei der eine „Maschine" oder ein Superrechner tatsächlich über eine dem Menschen vergleichbare Intelligenz verfügen und Selbstbewusstsein und Persönlichkeit entwickeln würde und in der Lage wäre exakte Zukunftsvoraussagen zu machen. Künstliche Hyper- und Super-KI mit den Attributen einer echten Persönlichkeit gibt es schlichtweg nicht! Eine solche Art Hyper-KI könnte sich dann vielleicht theoretisch, wie in manchen Sciencefiction-Filmen dargestellt, der menschlichen Kontrolle entziehen und sich zu einem nicht mehr beherrschbaren Monster entwickeln. Sogenannte Starke Intelligenz ist also reine Theorie, es gibt bis heute keinerlei Einsatzbeispiele (72).

Da man den Begriff Intelligenz intuitiv als Merkmal einer Persönlichkeit auffasst, suggeriert der Begriff ‚künstliche' Intelligenz, dass Computerprogramme in einem evolutionären Prozess aus sich heraus Persönlichkeit, Persönlichkeitsmerkmale und Selbstbewusstsein entwickeln könnten, im Sinne der Aussage des französischen Philosophen Descartes: *„Ego cogito, ergo sum."* (Ich denke, also bin ich). Das ist ein Irrtum, tote Materie bleibt tote Materie. Dennoch wird weiter experimentiert und ideologiebesessen an der Verwirklichung des Wahns gearbeitet.

Trotz inzwischen auch warnender Stimmen ist das Projekt Künstliche Intelligenz (KI), Künstlich Neuronales Netzwerk (KNN) und Hyper-KI immer noch mit einem großen Hype verbunden. Man hofft auf die baldige umfassende Lösung aller Probleme: Heil für die gesamte Menschheit und den ganzen Planeten Erde.

Doch was ist, wenn es durch Hardware-Schäden oder Software-Fehler, durch Stromausfälle, durch unerwartete Katastrophenszenarien, durch Cyber-Attacken, durch den Einsatz von Strahlenwaffen, durch unvorhergesehene Fehlentwicklungen beim Experiment Transhumanismus, Künstliche Intelligenz und Künstliche Neuronale Netzwerke zu unvorhergesehen Problemen kommt und das System insgesamt nicht recht funktioniert? Dann wäre eine unumkehrbare globale Katastrophe unausweichlich. Dann würde höchstwahrscheinlich gegenwärtig ein globales digitales Monster kreiert.

Der Roman „Der Golem" des jüdischen Schriftstellers Jizchok-Leib Perez aus dem Jahr 1890 illustriert vielleicht am besten die Hybris auch des jüdisch-israelischen Propheten Harari und seiner Glaubensgenossen beim Versuch der transhumanistischen Neukreation einer durch KI und KNN gesteuerten Menschheit 2.0, in der Nachäffung der Erschaffung des Menschen und seines genialen Gehirns durch die Schöpfergottheit.

Der Roman des Juden Perez ist die bekannteste Version

der Golem-Legende. Die Handlung spielt im Judenviertel von Prag: Der gelehrte Rabbi Loew vollbringt das große Wunder, einen aus Lehm geformten Golem zu beleben, indem er ihm eine Zauberformel, den Schem (hebräisch Name), in den Mund legt. Der belebte Golem ist stark und dient zunächst als nützlicher Beschützer des jüdischen Ghettos. Für seinen Schöpfer verrichtet er zudem grobe Arbeiten im Haus. Er ist zunächst willenlos seinem Schöpfer Rabbi Loew unterworfen. Doch eines Tages gerät der Golem außer Kontrolle. Er zertrümmert Häuser, schleudert Felsstücke umher und entwurzelt Bäume. Rabbi Loew reißt dem Golem schließlich den Schem aus dem Mund und der Lehmklotz zerfällt zu Staub. Von diesem Ereignis erschreckt, beschließt der Rabbi, nie mehr so einen gefährlichen Knecht zu kreieren. Noch heute sollen sich Staubreste des Golems auf dem unzugänglichen Dachboden der Alt-Neu-Synagoge in Prag befinden (73).

Man halte sich noch einmal das in der Sciencefiction-Kult-Serie „Star Trek" erscheinende Volk der „Borg" vor Augen: In ihren Körpern sich selbst organisierende Nanoroboter (Nanocomputer / Mikromaschinen), die autonom funktionieren oder, von außen gesteuert, die DNA umschreiben, weitere technologische Veränderungen im Körper des Cyborgs vornehmen, je nach gewünschter KI-gesteuerter Einsatz-Nutzung (74). Wehe, wenn die mittels Transhumanismus, künstlich gesteuerter Selektion und Evolution, mittels mRNA-Substanzen und beigemischten Nanopartikel behandelte neue Menschheit 2.0 und das diese steuernde Künstliche Neuronale Netz außer Kontrolle geraten. Dann wird die Menschheit sich gegenseitig selbst vernichten, indem alle wie Zombies übereinander herfallen, wie denn geschrieben steht:

*„Und als es* (Christus, das Lamm) *das zweite Siegel öffnete [...] zog ein anderes Pferd aus, das war feuerrot, und dem der darauf saß, ihm wurde gegeben den Frieden von der Erde zu nehmen, damit sie einander hinschlachten sollten [...] Und ich sah, und siehe ein fahles Pferd, und der darauf saß, dessen Name ist ‚der Tod', und das Totenreich folgte ihm nach. Und ihnen wurde Vollmacht gegeben über den vierten Teil der Erde* (ca. 2 Milliarden), *zu töten mit dem Schwert und mit Hunger und mit Seuchen".* (75)

Die globale transhumanistisch-technokratische Agenda und die damit verbundene Pseudoreligion des Dataismus stellen eine grundlegende Bedrohung für die von Gott erschaffene natürliche Menschheit dar. Das Programm führt zur totalen Entmenschlichung, zur Abschaffung des spirituell-religiös veranlagten Geistwesens Mensch und damit zugleich zur Abschaffung aller Formen traditioneller Religion und von Religionsfreiheit. Dataismus und die vermittels eines Künstlichen Neuronalen Netzwerkes herrschende kalte und seelenlose digitale Gottheit KI führen zur totalen Versklavung und weitgehenden Vernichtung der natürlichen Menschheit.

Der Mensch ist keine rein materielle bio-chemische Maschine. Der Mensch ist, im Gegensatz zum Tier, ein beseeltes einzigartiges Individuum, eine Persönlichkeit mit Selbstbewusstsein, mit Gefühlen, mit schöpferischen Fähigkeiten, mit einem Gewissen, mit Schuld- und Gottesbewusstsein, als Krone der Schöpfung erschaffen von Gott, der selbst eine Person ist, durch Intelligent Design kreiert als ein Wesen, dass berufen ist zur Gemeinschaft mit seinem über Raum und Zeit stehendem ewig seienden Schöpfer. Der Mensch in seiner Gottesebenbildlichkeit ist berufen zu einem Leben in Freiheit und Würde, in Abhängigkeit von seinem ihn liebenden Schöpfergott. Die wahre Berufung und Bestimmung des Menschen ist es nicht, sich im blinden Glauben und Gehorsam einer seelenlosen KI und einem unpersönlichen globalen digitalen neuronalen Netzwerk zu unterwerfen, er ist berufen, den einen wahren Gott zu ehren und zu lieben und an seinem ewigen Heil teilzuhaben (76).

Ein kleiner Nachtrag zum Thema: Wir sollten uns, soweit es noch geht, dieser digitalen Versklavung entziehen, indem wir möglichst natürlich leben, den Nutzen digitaler Geräte weitestgehend einschränken, nicht ständig das Handy mit uns herumtragen und wenn, dann nur ausgeschaltet in ortungssicheren Taschen. Falls man es wirklich mal braucht, kann man es kurzfristig einschalten. Wir sollten keine Smart-Watches tragen und möglichst bar bezahlen, ohne Nutzung von Payback-Karten. Wir können die Entwicklung nicht aufhalten. Aber wir können die Pläne der machtgierigen Globalisten zumindest erschweren und verzögern und uns und unsere Familien und Kontakte zumindest ein wenig verbergen und schützen.

# Völkerversklavung durch Schuldknechtschaft und Enteignung

Zu Beginn der Behandlung dieses äußerst bedeutsamen Themas sollen wiederum einige Zitate aus den schon zuvor erwähnten Illuminaten-Protokollen wiedergegeben werden, welche erschreckende Einblicke in die langjährigen Finanz-Planungen der luziferischen Globalisten vermitteln. So kann man sehr viel besser verstehen, warum was seit rund 130 Jahren in der Finanzwelt geschah und noch geschehen wird. Auch hier sprachlich ein wenig aktualisiert:

*„In unserer Zeit hat die Macht des Geldes die Herrschaft der liberalen Regierungen ersetzt. [...] Der Staat [...] ist in unserer Gewalt. Die Herrschaft des Kapitals, das ganz in unseren Händen ist, erscheint ihm wie ein Rettungsanker, an den er sich wohl oder übel klammern muss, wenn er nicht untergehen will."* (77)

*„Der Hass wird infolge der Wirtschaftskrise zunehmen, durch welche die Börse, die Industrie und das Gewerbe* (Mittelstand, Kleinunternehmen) *schließlich lahmgelegt werden. Mit Hilfe des Kapitals, das ganz in unseren Händen ist, werden wir mit allen verborgenen Mitteln eine allgemeine Wirt-*

*schaftskrise erzeugen und ganze Massen von Arbeitern* (Berufstätige und Angestellte) *in allen Ländern Europas auf die Straße werfen"* (schwere soziale Unruhen) (78),

*"Das ganze Räderwerk des Regierungsapparates hängt von einem Motor ab, der sich unter unserer Kontrolle befindet, und dieser Motor ist das Geld. Die Wissenschaft der Volkswirtschaftslehre, von unseren Weisen* (Illuminaten) *erdacht, zeigt die Macht des Kapitals über Regierungen [...] Um freie Hand zu haben, muss das Kapital das Monopol im Bereich Handel und Industrie besitzen. Das wird bereits von unsichtbarer Hand in allen Ländern der Erde verwirklicht. Dieses Vorrecht ermöglicht den Konzernen politische Macht, das Volk wird unterdrückt."* (79)

*"Bald werden wir gewaltige Monopole, Sammelbecken riesiger Reichtümer errichten, von denen sogar die großen Vermögen von Nichtjuden in einer Weise abhängig sein werden, dass sie mitsamt den verschuldeten Staaten am Tag des politischen Zusammenbruchs* (Multi-Crash) *vernichtet werden."*

*"Grundbesitzer [...] für uns noch gefährlich, weil* (sie) *durch ihre natürlichen Hilfsmittel unabhängig* (sind). *Daher müssen wir* (ihnen) *um jeden Preis den Grundbesitz rauben* (enteignen). *Das beste Mittel hierfür ist, die Steuern auf Grund und Boden zu erhöhen, um den Grundbesitz zu verschulden. Diese Maßnahmen werden Grundbesitz in einem Zustand unbedingter Abhängigkeit erhalten."* (80)

*"Das ganze Kapital der Welt wird in unserem Besitz sein, sodass wir die Höhe der Auslagen nicht zu scheuen brauchen."* (81)

*"Nun werden wir über das Thema Finanzprogramm sprechen, das ich mir für den Schluss meines Vortrages vorbehalten habe, weil dieser Gegenstand der schwierigste und entscheidende in unseren Plänen ist. [...] Indem wir das Geld aus dem Umlauf zogen* (Änderung der Geldmenge durch die Zentralbanken im Privatbesitz) *haben wir in den Staaten der Nichtjuden Wirtschaftskrisen hervorgerufen. So wurden den Staaten riesige Summen entzogen und diese sahen sich gezwungen, das von uns angehäufte Kapital als Anleihe* (Kredit) *von uns in Anspruch zu nehmen. Diese Anleihen bedeuten eine schwere Last für die Staaten, die nunmehr dafür Zinsen zahlen müssen und bei uns verschuldet sind. Der Zusammenschluss der Industrie zu Monopolen vernichtet die kleinen Betriebe* (Mittelstand, Kleinunternehmen) *und saugt alle produktiven Volkskräfte und damit auch den Reichtum der Staaten auf."*

*"Die Neuregelung des Geldumlaufs ist eine Überlebensfrage für die ganze Welt. [...] Die Reformen, die wir in den Finanzeinrichtungen [...] vorhaben, werden wir in einer Art und Weise vorschlagen, die niemanden beunruhigt. [...] Wir werden diese Reformen als* (alternativlose) *notwendige Reaktionen auf das* (finanzielle und wirtschaftliche) *Chaos darstellen, in welches die Geldwirtschaft der nichtjüdischen Staaten* (infolge des hintergründigen Wirkens der freimaurerisch-jüdischen Finanzelite) *hineingeraten ist."*

*"Der Hauptgrund dieses ungesunden Zustandes liegt darin, dass man zu Beginn eines jeden Jahres einen Voranschlag* (Haushaltsplan) *aufstellt, der von Jahr zu Jahr wächst*

(Wachstumsannahme), *dann benötigt man einen Nachtrag* (1. Nachtragshaushaltsplan), *der nach wenigen Monaten verausgabt ist. Hierauf wird ein Ergänzungsbudget* (2. Nachtragshaushaltsplan) *beschlossen und schließlich benötigt man noch einen weiteren Kredit, um die Schlussabrechnung durchzuführen. [...] infolge dieser Vorgänge [...] alle Staaten in den Bankrott geführt. [...] Jede Staatsanleihe beweist Schwäche und mangelndes Verständnis [...] Die Anleihen hängen wie ein Damoklesschwert über den Regierungen, die, anstatt sich die notwendigen Gelder bei der Bevölkerung im Wege einer Steuer zu holen, bei unseren Banken betteln gehen. Auslandsanleihen sind wie Blutegel, die man nicht mehr vom Staatskörper entfernen kann [...] die nichtjüdischen Staaten schließlich zugrunde gehen müssen.*

„*Eine Anleihe besteht aus Staatsschuldverschreibungen, mit der Verpflichtung* (des bei den Banken verschuldeten Staates) *zur Zahlung bestimmter Zinsen, entsprechend der Höhe des aufgenommenen Kapitals. Beträgt der Zinssatz 5 %, so hat der Staat im Laufe von 20 Jahren ganz überflüssiger Weise einen der Anleihesumme gleichen Betrag nur für Zinsen bezahlt, in 40 Jahren einen doppelt so hohen Betrag, in 60 Jahren das Dreifache, und die Schuld bleibt immer noch unbezahlt. [...] Hieraus folgt, dass der Staat im Wege der Besteuerung der Bevölkerung den letzten Cent entreißt, anstatt die erforderlichen Summen durch eine Steuer, die keinerlei Zinsen kostet, aus dem eigenen Volksvermögen aufzubringen.*"

„*Wir mittels Bestechung Persönlichkeiten bewegen, im Ausland Geld aufzunehmen, so wandern alle Reichtümer der*

*Staaten in unsere Kassen und diese wurden uns tributpflichtig. [...] Die Regierungen der nichtjüdischen Völker haben ihre Länder derart in die Schuldknechtschaft unserer Banken gebracht, dass sie ihre Schulden niemals bezahlen können. Sie verstehen, meine Herren ..."*

*"Wir haben die Bestechlichkeit der hohen Staatsbeamten und die Nachlässigkeit der Regierungen ausgenutzt, um unsere Gelder zwei-, drei- und mehrfach wieder hereinzubekommen, indem wir den Regierungen der Nichtjuden mehr Geld liehen, als sie unbedingt benötigten. [...] Wenn die Komödie zu Ende ist, steht man vor einer ungeheuren Schuld. [...] Sie* (die Finanzbeamten des Staates) *wissen sehr wohl, dass wir unsere Gelder zur Gänze zurückziehen könnten, was den Staatsbankrott zur Folge hätte [...] an einem einzigen Tag Aktien im Wert von 500 Millionen auf den Markt werfen oder ankaufen könnten."*

*"Auf diese Art und Weise werden die gesamten Volkswirtschaften in Abhängigkeit von uns geraten. Sie können sich vorstellen, welche Macht wir uns dadurch verschaffen werden. [...] In unseren Händen befindet sich die größte Macht der heutigen Zeit: Das Geld; innerhalb weniger Tage können wir jeden beliebigen Betrag zurückziehen (zurückfordern). Müssen wir da noch beweisen, dass unsere Herrschaft von Gott* (Satan, Luzifer) *vorgesehen ist? (82)*

Eigentlich ist dem nichts mehr hinzuzufügen. Die Ausführungen sprechen für sich selbst. Sie (!) bestimmen den Zeitpunkt des globalen Bankrotts, des globalen Crashs.

Wenn der jüdische Schriftsteller und zweimalige britische Premierminister Benjamin Disraeli (1804-1881) schrieb: *„Die Welt wird von ganz anderen Leuten regiert als diejenigen glauben, die nicht hinter den Kulissen stehen"* (83), dann musste er es wohl wissen. Schließlich war und ist London nicht nur Sitz der englischen Regierung, sondern an diesem Ort befindet sich auch die Bankenwelt der exterritorialen, nicht der englischen Regierung unterstehenden *„City of London"*, das Zentrum des Rothschild-Weltfinanzimperiums. Die ganze Welt ist durchdrungen von einem hintergründigen und mächtigen Finanz-Netzwerk bestehend aus Notenbanken, Börsen, Geschäftsbanken und global operierenden Konzernen im Besitz und unter Kontrolle im Wesentlichen privater superreicher Bankerdynastien und Milliardäre, die vielfach Juden und sämtlich Sozialisten sind.

Nicht nur die gesamte Weltwirtschaft und alle Staaten der Welt, sondern nahezu der gesamte Privatsektor sind auf Schuldenbasis aufgebaut. Privatpersonen, Unternehmen und Staaten leihen sich benötigtes Geld bei Banken. Das Weltfinanzsystem bildet ein für Nichteingeweihte nicht durchschaubares Geflecht von Beteiligungen und organisatorischen Verschachtelungen, aber es befindet sich letztlich im Privatbesitz einer kleinen, nahezu das gesamte Weltvermögen besitzenden und kontrollierenden Elite.

Allein die Rothschilds verfügen über ein gigantisches Privatvermögen. Die Schätzungen gehen bis zu einem Vermögenswert von 500 Billionen (englisch Trillion) Dollar. Das wäre mehr als die Hälfte aller Vermögenswerte der gesamten

Welt. Die privaten freimaurerischen Bankerdynastien investieren ihr Vermögen in ihr selbst konstruiertes Finanz- und Bankensystem, bestehend aus Internationalem Währungsfonds, Weltbank, global operierenden Investmentbanken, Zentral- und Privatbanken, Unternehmensbeteiligungen und NGOs, und sie kontrollieren damit faktisch die gesamte Weltwirtschaft und die gesamte globale Finanzarchitektur. Und auf Grund der horrenden stetig wachsenden Verschuldung aller Staaten der Welt haben sie auch alle Regierungen fest in der Hand und können diesen damit diktieren, was sie im Interesse hintergründiger Machteliten zu entscheiden und zu tun haben. Krisen wie die Corona-Krise und der Ukraine-Krieg heizten die Überschuldung nur weiter an, weil die angeblich alternativlosen Reaktionsmaßnahmen stets neue Finanzierungen erfordern. Demokratie ist nichts als Augenwischerei für das Volk, welches eben nur das Geschehen vor den Kulissen wahrnimmt.

Die höchsten hintergründigen Mächtigen der Erde, deren Geld-basiertes Machtsystem alles wie eine gefräßige Raubtierbestie verschlingt, das sind die privaten jüdischen Bankerdynastien, die Kaufleute Jerusalems (84), Rothschild, Rockefeller & Co. Viele Fürstenhäuser, wie die Habsburger, das englische Königshaus, weite Teile des europäischen Adels, viele amerikanische Präsidenten, sind mit diesem feudalistisch herrschenden Geldadel durch Blutsbande verbunden. Als Freimaurer und Illuminaten der höchsten Einweihungsgerade dienen diese wahren Mächtigen der Erde bewusst Satan, dem Fürsten dieser Welt, welcher sie, seine

Diener, mit allem erdenklichen Reichtum und allen erforderlichen Machtmitteln ausstattet. Diese wahrhaftig Mächtigen kontrollieren das weltweite Finanzsystem, sie steuern die Weltwirtschaft, die Weltpolitik, die Medien, die Sicherheitsapparate, das Militärwesen. Sie finanzieren Kriege und Wiederaufbaumaßnahmen. Sie kontrollieren und steuern die Geheimdienste, die großen Geschäfte mit Drogen, Prostitution, Menschenhandel und Erpressung. Sie inszenieren Kriege und Revolutionen, um systematisch alle bestehenden, vom Schöpfergott gewollten Ordnungen zu untergraben, alle nationalstaatlichen Ordnungen zu zersetzen, um diese durch supranationale Strukturen zu ersetzen. Sie arbeiten daran, die Weltbevölkerung zu dezimieren und durch Zermürbung dahin zu nötigen, ihre geplante Neue Weltordnung und den von ihnen erwählten Weltenherrscher anzunehmen (85).

Der amerikanische Historiker und Zivilisationstheoretiker Carroll Quigley (1910-1977), der als Berater vieler amerikanischer Institutionen zweifellos ebenfalls ein Stück hinter die Kulissen schauen konnte, schrieb 1975 in seinem Werk *„Tragedy and Hope"*:

*„Die Mächte des Finanzkapitalismus hatten ein anderes, weitreichendes Ziel, nichts weniger als ein Weltsystem der Finanzkontrolle in privaten Händen zu schaffen, um das politische System in jedem Land und die Wirtschaft in der Welt als Ganzes zu beherrschen. Dieses System muss auf feudalistische Art von den Zentralbanken der Welt kontrolliert werden, gemeinsam, durch geheime Vereinbarungen, die in regelmäßi-*

*gen Sitzungen und Konferenzen erreicht worden sind. Spitze des Systems ist die Bank für Internationalen Zahlungsausgleich (BIZ) in Basel, eine private Bank im Besitz der Zentralbanken der Welt. Der Schlüssel zu ihrem Erfolg war, dass die internationalen Banken das Geldsystem einer Nation kontrollieren und manipulieren und diesem den Anschein geben wollen, dass es von der Regierung kontrolliert werde."*

*Jede Zentralbank [...] versucht, ihre Regierung zu dominieren und zwar durch ihre Fähigkeit, die eigenen Kredite zu kontrollieren und ausländische Börsen zu manipulieren, um das Niveau der Wirtschaftstätigkeit im Land und kooperative Politiker durch nachfolgenden wirtschaftlichen Erfolg in der Geschäftswelt zu beeinflussen."* (86)

Im gleichen Sinne äußerte sich auch der holländische Schriftsteller Robin de Ruiter in seinem Buch *„Die 13 Satanischen Blutlinien":*

*„Zu Beginn des 20. Jahrhunderts haben die Illuminaten-Bankiers und Illuminaten-Industriellen ihren Machtbereich auf die Kontrolle der Weltfinanzen ausgeweitet. Ihr politisches und finanzielles Netzwerk hat ein Weltfinanzsystem hervorgebracht, in welchem alle Privat- und Zentralbanken zusammenarbeiten. Sie haben alle Aktivitäten auf das Ziel koordiniert, alle Volkswirtschaften der einzelnen Länder dieser Welt zu kontrollieren. Dadurch* (kann) *[...] jederzeit eine Wirtschaftskrise hervorgerufen* (werden, können) *[...] Wechselkurse nach Bedarf manipuliert* (werden).

*Das Hauptziel dieses weltweiten ‚Bankenkartells' besteht darin, die Regierungen in die Staatsverschuldung hineinzutreiben, damit ihnen keine andere Wahl bleibt, als alle Befehle der Illuminaten auszuführen.*

*Der Internationale Währungsfonds IWF [...] steht unter der Kontrolle der Illuminaten* [Rothschild-Anteile über 50%]. *[...] die den IWF kontrollierende internationale Hochfinanz verfügt über nahezu unbegrenzte Macht."* (87)

Die Staaten Europas haben mit dem Lissabon-Vertrag nicht nur ihre nationale Unabhängigkeit verloren. Ganz Europa ist unentrinnbar auch infolge der unauflösbaren Staatsverschuldung und der ständig erforderlichen Neuverschuldung sowie aufgrund der gemeinschaftlichen europäischen Schuldenhaftpflicht versklavt. Die Regierungen können kaum die Zinsen und Zinseszinsen bezahlen, an eine echte Tilgung der Schulden ist gar nicht zu denken. Und durch immer wieder neue künstlich herbeigeführte Krisen und damit verbundene finanzielle Notwendigkeiten wie die deutsche Wiedervereinigung, Bundeswehr-Auslandseinsätze, die Flüchtlingskrise, Beteiligungen an internationalen Militäreinsätzen, Impfstoff- und Waffenkäufe wird den nationalen Regierungen auch jede Gelegenheit zum Schuldenabbau geraubt. Durch die Einführung der gemeinschaftlichen Euro-Währung und der kollektiven Schuldenhaftung aller europäischen Staaten sind den nationalen Regierungen jeglicher eigener Handlungsspielraum und jegliche Handlungsfreiheit längst genommen. Deutschland und Europa gehören den Rothschilds. Die gegenwärtige Geschichte Europas, der arabischen Welt sowie der ganzen Welt ist kein Zufall, sondern die Abfolge eines zuvor erarbeiteten Planes. Die Welt bewegt sich, gezielt gelenkt, auf einen umfassenden globalen Crash zu und damit auf die Übernahme der Konkursmassen und die totale Machtübernahme durch den finanziell-digitalen Komplex und die dahinterstehenden globalistischen Machteliten.

Der geplante kommende Crash dürfte ein Multicrash sein, eine Art Kernschmelze in allen volkswirtschaftlichen und gesellschaftlichen Bereichen. Alle bestehenden Systeme werden zunächst gewaltsam zum Absturz gebracht, um dann mittels eines „Great Resets" einen Neustart durchzuführen. Zuerst zerstörten und zerstören sie die Welt, dann werden sie sich als Retter der ganzen Menschheit und der Welt anbieten.

Viele Experten warnen vor einem Crash bereits innerhalb ganz weniger Jahre. Wenn es tatsächlich zu diesem Crash kommen sollte, dann wird er global sein, verbunden mit einer Hyperinflation, mit massiven Verlusten an Wertpapieren und Anlagegütern, mit einer tiefen Rezession und einem Konkurstsunami in der Wirtschaft, mit Staatsbankrotten und verheerenden Folgen auch für die Bevölkerung.

Die meisten Länder der Welt sind völlig überschuldet. Sie werden bald nicht mehr in der Lage sein, ihre Zinslast zu stemmen, geschweige denn überhaupt noch ihre Schulden zu begleichen. Viele Länder werden insolvent gehen und in einen Konjunkturabsturz fallen..

Die Aktien- und Immobilienmärkte werden zusammenbrechen, die Menschen ihr Erspartes infolge einer massiven Geldentwertung verlieren und in finanzielle Schieflage geraten. Die Immobilienpreise werden sinken, was zu einer weiteren Verarmung der Bevölkerung bis hin zu Zwangsenteignungen führen wird. In vielen Ländern dürfte es zu sozialen Unruhen kommen, weil die Menschen verzweifelt nach einer Lösung suchen werden.

Die Politiker werden unter Druck geraten, etwas zu unternehmen, aber sie werden die Entwicklungen nicht aufhalten können. Wenn der Crash erst einmal begonnen hat, wird er sich selbst verstärken und zu einer globalen Rezession führen, mit weitreichenden Folgen für die Weltwirtschaft und das Leben (und die Freiheit) vieler Menschen (88).

Die konkreten Auslöser des mit Sicherheit kommenden Crashs dürften mehrschichtig sein: Weitere Überflutung der Finanzmärkte mit durch nichts gedecktem Fiat-Geld (Geldblase), Hyperinflation und kräftige Zinssteigerungen, Zahlungsunfähigkeit, Platzen von Spekulationsblasen, Naturkatastrophen, unerwartete politische und wirtschaftliche Ereignisse, Cyber-Attacken, Kriege und Kriegsfolgen, Unterbrechung der Waren-, Finanz- und Personenströme, Unterbrechung der Energie- und Stromversorgung, schwere Störungen im Internet und im Cyberspace - manches sicher zugleich, gezielt herbeigeführt. Die Insider wissen sicher schon, wie sie das praktisch anstellen werden. Lassen wir uns überraschen.

Wenn es zur Zahlungsunfähigkeit und zur Insolvenz vieler Privathaushalte, Unternehmen und auch Staaten kommt, wird das geschehen, was immer geschieht, wenn Schuldner ihre Schulden nicht mehr bezahlen können: Übernahme der als Sicherheit dienenden Realwerte und Sachwerte beziehungsweise der Konkursmasse durch die Gläubigerbanken, sprich Enteignung, Übereignung der Vermögenswerte. Bei Privathaushalten dürfte dies bedeuten: Entschuldung durch Übereignung der Immobilie die dann eventuell zur Miete weiter genutzt werden darf und die Akzeptanz weiterer WHO-Gesundheitsmaßnahmen wie „Impfungen". Hinsichtlich Wirtschaftsunternehmen bedeutet dies: Übernahme der Konkursmasse, einschließlich Know-how des Unternehmens, dann entweder Abwicklung des Unternehmens oder Einverleibung in ein Monopol. Die Folgen des Staatsbankrotts werden sein: Übernahme des Staatsgebietes samt des sich im Besitz des Staates befindlichen Grundbesitzes und der Infrastruktur des Landes, dazu die Übernahme aller staatlichen Immobilien, Unternehmen, Beteiligungen und sonstiger öffentlicher Sach- und Vermögenswerte durch die privaten Inhaber der Gläubigerbanken. Absicherung des ganzen Prozederes natürlich durch Polizei- und Militärkräfte im Inneren. Die in „Smart-areas" eingepferchte Bevölkerung hat dann für die Nutzung öffentlicher, früher wesentlich kostenloser Dienstleistungen und die Nutzung der Natur Gebühren an die neuen Besitzer des ehemals unabhängigen Staatsgebietes zu zahlen, Und damit die Enteigneten, Entrechteten und ihrer Freiheit Beraubten nicht verhungern und allzu schnell revoltieren und noch ein wenig in ihrer Arbeitskraft ausgenutzt werden können: Digitale „Sozialhilfe" in Form eines bedingungslosen digitalen Grundeinkommens.

Die EU plant die Einführung eines digitalen Euros in der EU innerhalb der kommenden zwei bis drei Jahre. Die Bevölkerung insgesamt soll mittels des herbeigeführten Crashs in diese neue, angeblich sicherere digitale Zentralbankwährung hineingenötigt werden. Der Finanzexperte Ernst Wolff erklärte in einem Podcast, was die Einführung einer Digitalen Zentralbankwährung letztendlich bedeutet, nämlich das Ende der Freiheit. Wolff erläuterte:

*„Den Zentralbanken und dem hinter ihnen stehenden digital-finanziellen Komplex eröffnet es (das digitale Zentralbankgeld) Möglichkeiten, die Bevölkerung den eigenen Interessen zu unterwerfen, die es bisher in der gesamten Geschichte des Geldes nicht gegeben hat. Da es sich um eine programmierbare Währung handelt, wird man den digitalen Euro zweckgebunden ausgeben, an ein Ablaufdatum binden und allen Nutzern individuelle Zins- und Steuersätze sowie Strafzahlungen auferlegen können. Man wird in der Lage sein, seine Auszahlung an Bedingungen wie zum Beispiel ein Klima- oder Gesundheitszertifikat zu knüpfen, seine Gültigkeit lokal, regional oder national einzuschränken oder es auch an ein Sozialkreditsystem nach chinesischem Vorbild zu binden. Betrachtet man die Geschichte des Geldes, so hat es historisch gesehen immer zwei Grundeigenschaften gehabt: Es war universelles Tausch- und gleichzeitig Herrschaftsmittel. Digitales Zentralbankgeld, wie der jetzt angekündigte digitale Euro, ist in erster Linie Herrschaftsmittel, und zwar wirksamer und effektiver als sämtliche Maßnahmen, die sich Diktatoren in der Vergangenheit haben einfallen lassen. Es ist höchste Zeit,*

*sich gegen diese Entwicklung zu wehren. Die ersten Schritte kann jeder gehen, indem er dort, wo es noch möglich ist, bar bezahlt und seinem Umfeld klarmacht, dass die Einführung des neuen Geldes uns alle in eine Zukunft führt, in der wir nicht mehr selbstbestimmt leben können, sondern von einer winzigen Elite gelenkt und gesteuert werden und zwar über unser dann ausschließlich digitales und fremdkontrolliertes Portemonnaie.*

Was die Einführung einer digitalen Währung in der Praxis bedeutet, wird, gemäß Wolff, am Beispiel Nigerias, deutlich:

*„Wer wissen möchte, wie es nach der Einführung einer digitalen Zentralbankwährung um das Bargeld bestellt sein wird, der sollte den Blick nach Nigeria richten. In dem größten afrikanischen Industrieland ist seit Ende Oktober 2021 mit dem E-Naira eine CBDC (Central Bank Digital Currency) im Umlauf. Da sich bisher nur ein halbes Prozent der Bevölkerung die dafür notwendige Wallet aufs Handy hat spielen lassen, hat die nigerianische Regierung bei der Bargeldabschaffung kräftig nachgeholfen: Barauszahlungen an Geldautomaten wurden eingeschränkt, Barabhebungen von Konten mit hohen Gebühren belegt, alte Geldscheine für ungültig und überhastet eingeführte neue für nicht lieferbar erklärt. Zudem sind Barabhebungen von Regierungskonten seit dem 1. März 2023 verboten. In anderen Worten: Die Regierung Nigerias hat jede erdenkliche Möglichkeit genutzt, ihren Bürgern den Zugang zu Bargeld zu erschweren. Das Ergebnis waren Aufstände, brennende Bankfilialen und Militäreinsätze, bei denen es Tote und Verletzte gab."*

Wolff warnte vor dem naiven Irrglauben, die Regierung in Deutschland habe eine andere Einstellung (89).

Die aktuelle Strategie ist: Die Zerstörung der bestehenden Währungen und des Vertrauens in diese durch künstlich herbeigeführte Hyperinflation, das Hineinnötigen von Staaten, Wirtschaft und Bevölkerung mithilfe multipler Krisen in das digitale „Rettungsnetz" einer angeblich sichereren digitalen Währung. Das Ende ist Völkerversklavung infolge von Schuldknechtschaft und Enteignung. Die Entwicklung ist nicht mehr umkehrbar, für die Masse der Menschheit endet sie letztendlich in dem, was im Buch Offenbarung der Bibel vorausgesagt wird: *„Allen [...] ein Malzeichen gegeben wird auf ihre rechte Hand oder auf ihre Stirn, sodass niemand kaufen oder verkaufen kann als nur der, welcher das Malzeichen hat oder den Namen des Tieres* (das satanische Imperium der Endzeit mit seinem Herrscher, dem Antichristus) *oder die Zahl seines Namens."* (90)

Wie nah die Menschheit diesem Punkt bereits gekommen ist, zeigen folgende Beispiele aus dem sich bereits unter totaler Kontrolle freimaurerischer Machteliten befindenden Finanz- und Bankensektors:

In Kanada wurden die Konten von Teilnehmern von Demonstrationen gegen die Impfpolitik eingefroren. In den USA wurden vorübergehend Konten von Kunden geschlossen (De-Banking), die sich der angeblichen „Fehlinformation" schuldig machten. Ein kirchlicher Geistlicher berichtete auf Great Britain News, dass sein Bankkonto gesperrt wurde, weil er sich gegen die Transgender-Ideologie ausgesprochen hatte. Personen, welche nicht narrativ-konforme Meinungen und Positionen vertreten, werden zunehmend Finanz-Dienstleistungen verweigert.

Wer offen von den politischen Ansichten des Bankenestablishments abweicht und sogenannte Des- und Fehlinformationen verbreitet, könnte bald dazu verdammt sein, als wirtschaftlicher Paria zu leben: Keine Kredite, keine Kreditkarte, keine Möglichkeit der Teilnahme an normalen gesellschaftlichen und geschäftlichen Aktivitäten. Die kriminalisierten Ausgestoßenen verlieren alle Rechte. Die Banken werden dann zu Instrumenten der politischen Verfolgung und des totalitären Gruppenzwangs (91).

Wenn die Bürger gezwungen werden zwischen Freiheit und freier Meinungsäußerung oder Unterwürfigkeit und wirtschaftlichem Überleben zu entscheiden, wird sich die Masse für das Zweite entscheiden. Wenn es künftig gar noch um die richtige oder falsche religiöse Einstellung geht, wird es im wahrsten Sinne des Wortes lebensgefährlich.

Jesus Christus ermahnt seine Nachfolger, ihm in allen Dingen still zu vertrauen (92), ihre Sicherheiten nicht in irdischen und vergänglichen Werten zu suchen, sondern nach himmlischen und unvergänglichen Werten zu streben. Es ist nicht möglich Gott und dem Mammon (hebräisch Zählung) zu dienen. Und Jesus gibt seinen Nachfolgern zugleich die Zusage, dass er, wenn sie ihm vertrauen, für alles sorgen wird, was sie zum irdischen Leben benötigen (93). Und Jesus verspricht den Seinen, sie vor dem kommenden Gericht zu bewahren (94).

Darum können Menschen, die auf den lebendigen Gott bauen, trotz drohendem Crash getrost in die Zukunft schreiten.

Zusätzlich noch ein Rat des Verfassers: Schulden meiden. Vorhandene Schulden so schnell wie möglich abbauen und eine gewisse Liquidität (Bargeld zu Hause) bewahren.

# Green Deal – Vermarktung und Verwüstung der Schöpfung

Zum Verständnis dieses Themas zunächst einige Begriffserklärungen, die zugleich deutlich machen, dass es beim Klimaschutz nicht um die Rettung des Klimas und des Planeten Erde geht, ebenso wie es bei den Corona-Maßnahmen und Impfprogrammen niemals um Volksgesundheit ging und geht. Es drehte und dreht sich immer nur ums Geschäft.

Zum Green Deal: Gemäß dem Europäischen Green Deal wollen die 27 EU-Mitgliedstaaten bis 2050 der erste klimaneutrale Kontinent werden. Um dieses Ziel zu erreichen seien die sogenannten Treibhausgas-Emissionen bis 2030 um mindestens 55 % gegenüber dem Stand von 1990 zu verringern und zugleich Wirtschaft und Gesellschaft umfassend umzugestalten. Ansonsten stürze die Welt samt Menschheit in eine Katastrophe (95). Eine solche Zielvorgabe ist natürlich Unsinn, denn weder Luft- noch Meeresströmungen nehmen Rücksicht auf Kontinental- und Ländergrenzen. Aber für die Ideologie, die Begründung künftiger Klimaschutzmaßnahmen und die Verdummung der Massen sind derartige Phrasen nun mal wichtig.

Zur Erreichung dieses Ziels werden natürlich weitere harte Einschränkungen und auch Klimalockdowns unerlässlich sein. Schließlich geht es ja um nichts weniger als um die angebliche Rettung der Welt und der gesamten Menschheit.

Das Green im Begriff Green Deal suggeriert, dass es hierbei um edle Vereinbarungen zwecks Rettung von Natur und Klima ginge. Der Ausdruck Deal aber macht unverblümt deutlich, worum es wirklich geht: Einen Deal machen bedeutet, Geschäfte machen, Handel mit etwas treiben, um Gewinn zu machen. Beim Green Deal geht es konkret um die umfassende Nutzung und Vermarktung des Planeten Erde, aller dessen Ressourcen, von Bodenschätzen über Wasser, Nahrungsmittel, Atemluft, Naturnutzung bis hin zur wirtschaftlichen Verwertung der Leiber aller Menschen. Bei der Vermarktung unseres Planeten im Sinne des Green Deals geht es, wie bei allen Marketingkonzepten, um das Angebot von Produkten und Dienstleistungen (wie Wasser, Atemluft, Naturnutzung) in marktgerechter, absatzfähiger Form, um beim Verkauf möglichst gute Geschäfte, eben Deals, abzuschließen. Klimaschutz (wie schon zuvor Gesundheitsschutz) als Geschäftsmodell!

Der Schöpfer stellte der von ihm erschaffenen Menschheit und der von ihm gebildeten Völker den wunderbaren Planeten Terra samt allem darin und darauf Seienden zur völlig kostenlosen Nutzung zur Verfügung. Gott benötigt nichts von Seiten der Menschen, er selbst gibt allen Leben, Atem und alles was ein jeder zum Leben benötigt. Er bestimmte die Siedlungsräume und die Wirkungszeiten der Völker und er erwartete und erwartet, dass die Menschen ihn und sein Heil suchen und unter Achtung des Nächsten in Nächstenliebe und in Ehrfurcht vor Gott miteinander umgehen (96).

Die satanisch inspirierten Machteliten aber okkupieren die Erde, vergewaltigen und versklaven die Menschen, um alles und jeden Gewinn generierend wirtschaftlich auszuplündern und zu verwerten. Green Deal ist ein Begriff für dieses gegenwärtig laufende Programm der umfassenden globalen Vermarktung und gleichzeitigen Verwüstung der Welt unter dem Deckmantel Klimaschutz. Die Begriffe Stakeholder-Kapitalismus oder Sustainable Development Goals und Agenda 2030 der Vereinten Nationen sind nur andere Bezeichnungen für das gleiche hinterhältige Programm.

Die gesamte Klimaschutzideologie baut auf einer Verdrehung und Verleugnung grundlegender biologisch-ökologischer Wahrheiten auf. Schüler lernten zumindest früher in der Schule im Biologieunterricht die grundlegenden Fakten über Fotosynthese, die so immer noch auch in Online-Schülerlexika dargelegt werden:

*„Unter Fotosynthese [...] versteht man den Prozess der Umwandlung von Wasser und Kohlenstoffdioxid in Glucose* (Nährstoff für die Pflanzen selbst) *und Sauerstoff* (Atemluft für alle Lebewesen) *unter der Einwirkung von Strahlungsenergie* (Sonnenlicht) *und mithilfe des Chlorophylls* (natürlicher Farbstoff der die Grünfärbung der Pflanzen bewirkt). *Dieser Prozess vollzieht sich in den Zellen von Pflanzen und ist ein grundlegender Prozess der Stoff- und Energieumwandlung bei Pflanzen."* (97)

Das bedeutet einfach ausgedrückt: Eine normale gesunde Menge Kohlenstoff CO2 in der Luft und UV-Strahlung mit normaler Wellenlänge vom Himmel, desto grüner und ertragreicher die Pflanzen und desto mehr gesunde reine Luft für alle.

Und nun wird faktenwidrig behauptet, dass unbedingt die Kohlenstofffreisetzung massiv reduziert und die angeblich eine hochgefährliche Erderwärmung bewirkende Sonnenlichteinstrahlung abgedunkelt werden müsse, um die Welt mit allen Lebewesen darauf zu retten. Die ‚Kriminalisierung' von Kohlendioxyd und Sonnenlicht dient zur Begründung von Klimarettungs- und Klimalockdown-Maßnahmen und eben als Grundlage des Green Deal Geschäftsmodells. – Ein Lügengebäude, wie schon bei Corona!

In Wirklichkeit gibt es diesen angeblichen Klima-Notstand gar nicht. Im August 2022 veröffentlichte die „Global Climate Intelligence Group", ein Zusammenschluss von 1147 Wissenschaftlern ein Manifest, in dem betont wurde, dass sich das Erdklima stets wandelte, infolge eines ständigen Wechselspiels zwischen Kalt- und Warmphasen, dass sich das Klima in den letzten Jahrzehnten bei weitem nicht so schnell erwärmte, wie von wissenschaftlicher Evidenz entbehrenden, Panik schürenden Computermodellen vorausgesagt wurde. Die Mitglieder der „Global Climate Intelligence Group", Wissenschaftler verschiedenster Fachbereiche, warnten vor Klima-Panikmache aus ideologischen und politischen Gründen. Die Theorie eines angeblich die gesamte Menschheit bedrohenden Klimawandels entbehre jeder wissenschaftlichen Grundlage (98).

Diejenigen, welche jetzt dennoch wider alle Fakten und Evidenz durch ihre politischen, medialen und „wissenschaftlichen" Handpuppen Klimahysterie schüren, von der Bevölkerung diesmal zur Rettung des Klimas erneut Einschränkungen fordern und Maßnahmen zur Klimarettung durchsetzen lassen, sind diejenigen, welche weite Teile der Erde selbst schon lange am meisten durch gierigen Raubbau verwüsteten, große Teile der Erde und der Natur durch Kriege und wirtschaftliche Ausbeutung zerstörten. Jetzt arbeiten sie an einer globalen Zerstörung und Ausbeutung des Planeten und zugleich an einer weitgehenden Versklavung und Vernichtung der gesamten Menschheit mittels „Geoengineering".

Der Sammelbegriff Geoengineering oder Climate- Engineering bezeichnet vorsätzliche und großräumige Eingriffe in geochemische oder biogeochemische Kreisläufe der Erde mit technischen Mitteln (99) zwecks Bekämpfung eines angeblichen Klimanotstands. Dabei wird zwischen zwei grundsätzlichen Arten von Eingriffen unterschieden: 1. Die Beeinflussung des Strahlenhaushaltes (Solar Raditation Mangament (SRM) zur Reduktion der Sonneneinstrahlung) und 2. Die Verminderung und Reduktion von (angeblich schädlichem) Kohlendioxyd [CO2] in der Atmosphäre (Carbon Dioxide Removal, CDR). Beide Arten von Eingriffen bergen (unkalkulierbare) Risiken für Mensch und Umwelt, die sich weltweit auswirken können (100).

Diese Geoengineering-Eingriffe angeblich zur Rettung des Klimas, unseres Planten und der Menschheit erfolgten und erfolgen wesentlich durch militärische Experimente und im Rahmen militärischer Kriegsführung. Die Großmächte führten seit Ende des 2. Weltkrieges vielfältige Experimente in der Atmosphäre durch. Dazu gehörten Atombombenexplosionen in großer Höhe, die zu Veränderungen des weitgehend mit dem Erdmagnetfeld identischen Van-Allen-Gürtels führten, der unseren Planeten vor gefährlichen Sonnenpartikeln und sonstigen kosmischen Partikeln schützt. Folgen: Erhöhte gefährliche kosmische Strahlung auf der Erdoberfläche, erhöhte Werte des radioaktiven Cäsiums in der Biosphäre, Veränderungen des Magnetfeldes und diverse schwere Erdbeben. Zu den globalen militärischen Experimenten des Großmächte-Kartells gehört auch der Einsatz von Anlagen, welche gebündelte Wellen extrem niedriger Frequenz bis in die obersten Schichten der Atmosphäre (Ionosphäre) abstrahlen, um die Ionosphäre zwecks Abwehr feindlicher Raketen und Satelliten in große Höhen anzuheben und eben auch wiederum zur Beeinflussung des Wetters, sodass weltweit künstlich herbeigeführte Extremwettererscheinungen wie Starkregen, Hurrikans, Überflutungen oder extreme Dürren mit Ernteausfällen und Hungerkatastrophen auftreten. Gebündelte Strahlungen aus derartigen Anlagen können die Atmosphäre verändern, die Ionosphäre aufheizen, ganze Bevölkerungsgruppen beeinflussen, Soldaten kampfunfähig machen, seismologische Erschütterungen auslösen.

Der Weltraum als Kriegsschauplatz und das Wetter als Waffe!

Die ständig durch Flugzeuge in die Atmosphäre ausgebrachten Chemikalien, Metalle und Nanopartikel, angeblich zur Reduktion der angeblichen Erderwärmung, führen zu einer schleichenden Vergiftung unseres Planeten, aller biologischen Lebenskreisläufe und aller Organismen mit Metallen und toxischen Nanopartikeln, zu einer zunehmenden Abdunklung des für die Photosynthese der Pflanzen so unerlässlich wichtigen Sonnenlichtes. Die sogenannten Chemtrails sind immer wieder am Himmel zu sehen (101).

Zu den hier angerissenen Techniken des Geoengineering kommen die schon zuvor angeschnittenen katastrophalen Programme hinzu: Die Behandlung der gesamten Menschheit mit einer die menschliche DNA verändernden mRNA-Gentherapie. Das auf gleicher Technik beruhende evolutionäre Zucht- und Eugenik-Programm der transhumanistisch-technokratischen Machteliten. Die Pläne zur Umgestaltung des natürlichen Menschen in digital überwachbare und steuerbare Brain-Cloud-integrierte Cyborg-Sklaven. Die mRNA-Behandlung sogar von Nutz- und Wildtieren. Die weitere Entwicklung und Freisetzung von Biowaffen (wie Viren) und Chemiewaffen. Die gezielte Zerstörung der Weltwirtschaft, der Versorgungs- und Ernährungssicherheit und des Weltfinanzsystems durch angeblich alternativlose Lieferkettenunterbrechungen und Sanktionen. Die Pläne zur Ruinierung der natürlichen Land- und Agrarwirtschaft und damit die Unterbindung der Ernährung der Menschen durch natürliche Nahrungsmittel, damit alle möglichst nur noch Retorten-„Kunstfleisch" und mit Insektenmehl versetzte Produkte der sich im Privatbesitz befindenden Pharma- und Ernährungskonzerne fressen. Die gezielte Eskalation und Ausweitung der Kriege in Ost-Europa, Afrika, im Nahen Osten und im Indo-Pazifischen Raum, bis hin zu einem wohl auch nuklearen 3. Weltkrieg, mit Millionen von Toten und der Verwüstung weiter Teile des Erdbodens unseres ursprünglich „sehr gut" geschaffenen Planeten Erde.

In ihrer mit satanischer Verblendung und Gottesverachtung verbundenen Hybris versuchen luziferisch inspirierte freimaurerische, psychopathische und transhumanistisch-technokratische Machteliten sich Klima, Atmosphäre, Wetter, alles Leben, die gesamte Menschheit, alle materiellen und biologischen Ressourcen der von Gott erschaffenen Erde maximalen Gewinn generierend nutzbar zu machen, und sie ebnen damit den Weg zur völligen Verwüstung der Erde und zur (Fast-)Auslöschung der Menschheit.

Zur Ablenkung von den wahren Verursachern aller Probleme, wird die Schuld an Allem stets auf andere und anderes geschoben: Ein Virus, Putin, die Chinesen, das Klima – und die zu wenig „grün" denkende und handelnde Menschheit insgesamt.

Wie schon erwähnt, gibt es keinen natürlichen wirklichen Klimawandel, ebenso wie es keine zufällig von alleine entstandene, angeblich tödliche Virus-Pandemie gab. Krisen und Probleme wurden und werden künstlich kreiert und gepuscht, um „Notfall"-Maßnahmen zu rechtfertigen und durchzusetzen, um die Menschen mittels Manipulation und Angst in eine bestimmte gewünschte Richtung zu bewegen und um sie zu nötigen, staatlich verordnete Maßnahmen zu akzeptieren, die sie unter normalen Umständen bei klarem Verstand niemals akzeptieren würden. Die bei Corona erfolgreich angewandte Strategie, zwecks Durchsetzung angeblichem „Gesundheitsschutz" mittels Gen-Therapie, dürfte bald auch hinsichtlich Klimaschutz und Klima-Gesundheit im Sinne der „One-Health-Ideologie" angewandt werden, gemäß derer die Welt nur gesund sein kann, wenn alles in der Welt zugleich gemäß Vorgaben der privat finanzierten WHO „therapiert" wird, eben Klima, Menschen (physisch und mental) und Tiere, auch nur rein präventiv.

Der deutsche Gesundheitsminister Lauterbach kündigte bereits an, dass zur Bekämpfung des Klimawandels weitere Maßnahmen zur Einschränkung der Freiheit notwendig sein werden, ähnlich denen, die bereits zur Bekämpfung von Pandemien eingeführt wurden. Folgendes dürfte darum wohl bald zusätzlich kommen: Einschränkung oder Verbot von Lebensmitteln oder von Privatfahrzeugen. Begrenzung der Bewegungsfreiheit. Pflicht zu Home-Schooling oder Home-Office. Einführung einer CO2-Besteuerung, digitaler Impfpässe und CO2-Pässe, gekoppelt an eine digitale Währung und ein Social-Credit-System wie in China. Klimalockdowns mit Kollateralschäden wie schon bei Corona. Abriegelungen und die Einführung von 15-Minuten-Städten und -Areas und Smart-Citys mit totaler digitaler Kontrolle und

Überwachung. Ausrufung eines globalen Klima-Gesundheits-Notstandes durch die WHO mit weiterer Aussetzung von Freiheiten und Grundrechten. Und all das angeblich zur Rettung des Weltklimas, des Planeten Erde und der Menschheit vor sich selbst (102).

Alle derartigen technisch und finanziell meist gar nicht mal realisierbaren „grünen" angeblichen Welt- und Klimarettungsmaßnahmen führen, parallel zu den anderen vorgenannten Zerstörungen, in Wirklichkeit nur zu einer weiteren Verwüstung unseres Planeten und der Menschheit. Die einzigen, welche davon profitieren sind die vom Bösen beherrschten psychopatisch-luziferischen Machteliten. Wir erleben eine neue, diesmal globale sozialistische Revolution von oben. Alles zerstören und verwüsten, in der Hoffnung, dass sich aus der Asche der untergehenden Kulturen eine neue, bessere Welt erhebt.

In Artikel 20a Grundgesetz findet sich eine sogenannte „Staatsbestimmung" mit der Verpflichtung von Regierung und Gesellschaft zum Umwelt-, Klima- und Tierschutz, worin es heißt: *„Der Staat schützt auch in Verantwortung für die künftigen Generationen die natürlichen Lebensgrundlagen und die Tiere im Rahmen der verfassungsmäßigen Ordnung durch die Gesetzgebung und nach Maßgabe von Gesetz und Recht durch die vollziehende Gewalt und die Rechtsprechung."* Als Staatsbestimmung ist Art. 20a GG somit eine Verfassungsnorm mit rechtlich bindender Wirkung, die dem Staat die fortdauernde Beachtung und Erfüllung bestimmter Aufgaben (hier Klima- und Umweltschutz) vorschreibt. Umweltschutz im Sinne Art. 20a GG bedeutet also einmal das Unterlassen schädigender Eingriffe und die Abwehr akuter Gefahren für die Umwelt, sowie auch die aktive Vorsorge (!) gegenüber künftigen (realen oder auf Computersimulationen beruhenden rein hypothetischen) Risiken (103).

Nun hatten diverse links-grüne Umweltschutz-NGOs - wesentlich finanziert durch private Interessengruppen und Investoren und durch staatliche Fördergelder – 2021 Verfassungsklage eingereicht, weil ihrer Ansicht nach bis dato eindeutig rechtlich-verbindliche Grundlagen und Vorgaben fehlten, um die geplanten Emissionsminderungen bis zum Jahre 2031 (gemäß UNO-Agenda 2030) zu erreichen und auch effektiv staatlich durchzusetzen. Der erste Senat, unter Vorsitz des Präsidenten des Gerichtes, Prof. Dr. Harbart, gab der Verfassungsklage statt und erließ so im April 2023 ein wegweisendes Urteil hinsichtlich künftiger Klimapolitik, in völliger Anpassung an die „grüne", evidenzlose und faktenenthobene Klima-Gesundheits-Ideologie und das EU New-Deal-Geschäftsmodell. Durch dieses zukunftsträchtige Urteil des Bundesverfassungsgerichtes im April 2023 wurden alle künftigen zwecks Klimaschutz angestrebten Maßnahmen und Freiheitseinschränkungen damit schon mal im Voraus juristisch unanfechtbar abgesichert, um jeden künftigen Widerstand von vorn herein zu unterbinden. Die Regierung muss nun konkrete Gesetze hinsichtlich Klimaschutz und Umweltschutzmaßnahmen erarbeiten und erlassen, wobei man natürlich auf die im Zusammenhang mit Corona angeordneten und getesteten Maßnahmen zurückgreifen kann. Gemäß Verfassungsgericht müssten künftig gravierende Freiheitseinbußen auch zum Schutz des Klimas als verhältnismäßig und gerechtfertigt gelten und verfassungsrechtlich abgesichert sein. Die Bevölkerung habe künftig erhebliche Freiheits- und Grundrechteeinbußen auch zwecks Rettung des Weltklimas hinzunehmen, wie eben zum Beispiel Ausgangssperren, Reiseverbote, Betätigungsverbote, Heizverbote und Eigentumsentziehungen (104).

Widerstand und Vergehen gegen die Umwelt und das Klima (Umweltsünden) und jegliche Kritik an Klimaschutzmaßnahmen des Staates, der UNO und der WHO gelten künftig als entsprechend zu ahndende Straftat!

Das Robert-Koch-Institut (RKI), welches sich, so der Eindruck, schon während der Corona-Krise als Vertretungsorgan der Pharmaindustrie und deren Wirtschaftsinteressen hervortat, bezeichnete den angeblichen Klimawandel als größte Gefahr für die Menschheit. In einen ersten Teil eines dreiteiligen Sachstandberichtes „Klimawandel und Gesundheit", erschienen im „Journal of Health Montorings", wurde ausgeführt:

Hitze, Trockenheit und Extremwetter würden durch die Klimakrise häufiger. Das bringe Gefahren für die Gesundheit der Menschen in Deutschland. Klima-Experten sprächen von einer *„großen Herausforderung".* Gemäß RKI seien mehr Hitzetote, neue Infektionskrankheiten, erhöhte Allergiebelastungen und weitere Gesundheitsfolgen infolge des Klimawandels zu erwarten. Infolge der globalen Erwärmung müssten Menschen hierzulande künftig auch mit einer Zunahme von Antibiotikaresistenzen, mehr Lungenerkrankungen als Folge steigender Feinstaubbelastung und mehr Hautkrebs durch erhöhte UV-Strahlung rechnen. *„Wir stehen vor einer wirklich großen Herausforderung, auch für unser Gesundheitssystem",* sagte die Mitautorin Elke Hertig bei der Vorstellung des Berichtes.

Um die klimabedingten Gesundheitsrisiken für Menschen in Deutschland künftig zu verringern, sei es laut Hertig einerseits wichtig, dass die Bevölkerung auf den Klimawandel reagiere, unter anderem, indem sie sich informiert oder etwa durch Impfungen schützt (Man höre! – Vielleicht gibt es bald schon Klimaschutz-Spritzen). Andererseits müsse versucht werden, die globale Erwärmung so gering wie möglich zu halten. Denn: *„Klimaschutz ist der effektivste Gesundheitsschutz",* resümierte die Wissenschaftlerin (105).

Die Rechtsanwältin Beatrix von Storch, ehemals Mitglied des EU-Parlamentes und bis dato Mitglied des Deutschen Bundestages, behandelte in dem Artikel „Die globale Finanzindustrie als Treiber der Klimapolitik" in der unabhängigen Wochenzeitschrift „Junge Freiheit" sehr treffend die engen Verflechtungen zwischen Klimaschutzideologie, NGOs, Politik, Medien, dem Geschäftsmodell des Green Deal und den großen Investmentfonds, hier speziell BlackRock und bestätigte damit das anfangs dieses Abschnittes Gesagte.

Die globale Finanzindustrie erwarte durch die Förderung der Klimapolitik im Rahmen des Green Deal gewaltige Investitionssteigerungen und enorme Gewinne. Gemäß von Storch wurde die Umwelt-Ikone Greta Thunberg gezielt durch den Kommunikationsberater der Finanzgiganten Black-Rock und JPMorgan, Ingmar Rentzhog, aufgebaut, um der Umweltschutzbewegung ein Gesicht zu geben, werden die Klimabewegung und ihr politischer Arm, die Grünen, und auch Klima-NGOs und Organisationen wie „Fridays for Future" und „Extinction Rebellion" von milliardenschweren Stiftungen, Denkfabriken und Lobby-Organisationen ebenso gezielt aufgebaut, ideologisch, logistisch und juristisch unterstützt und durch die globale Finanzindustrie finanziert.

Bereits 2020 habe BlackRock zwecks Unterstützung bei der Umsetzung des Green Deal innerhalb der EU mit dieser einen Beratervertrag abgeschlossen. Gemäß Vorgaben der großen Investmentfonds haben die Regierungen für das reibungslose Funktionieren der grünen Transformation und des Umweltmarktes zu sorgen, wie zum Beispiel in den Segmenten Solaranlagen, Windräder, E-Autos und Wärmepumpen, eben durch Subventionen, Verbote und Kaufzwänge seitens der Regierungen, damit die Investitionen der Vermögenden im Rahmen des Green Deals auch profitabel werden.

Nicht angepasste und auf (böse) fossile Energieträger bauende Unternehmen werden mit der Drohung des Finanz-Entzugs unter Druck gesetzt. Die Deutschen sollen den Löwenanteil zur Finanzierung des lukrativen Geschäftsmodells Green Deal schultern. Der Ausbau der Windkraft und der LNG-Terminals, die Zerstörung der viel preiswerteren Konkurrenz fossiler Energieträger durch den gewaltsamen, sanktionsbedingten Ausstieg aus sicherer und sauberer Kernkraft, Kohle und (russischem) Gas, das Verbot von Verbrennungsmotoren, Öl- und Gasheizungen haben nur den einen Zweck, die Investitionen der Investmentfonds und Finanzeliten profitabel zu machen und eben die individuellen Freiheiten und Grundrechte einzuschränken. Es erfolgt eine feindliche Übernahme der deutschen Wirtschafts- und Energiepolitik durch die globale Finanzindustrie (106) – mit verheerenden Folgen für die Menschen.

Das Spiel ist relativ einfach: Die Finanzeliten gründen angeblich den Klimaschutz fördernde gemeinnützige und damit steuerbefreite NGOs, in welche dann große Summen an staatlichen Fördergeldern (Steuereinnahmen) und Spenden fließen. Diejenigen, welche die NGOs kontrollieren, leiten die Gelder dann in Form von Aufträgen in die ebenfalls von ihnen kontrollierten Wirtschaftsunternehmen um. Die Finanzeliten verdienen somit mehrfach, während die Bevölkerungen und Nationalstaaten ausgesogen werden.

Diejenigen, welche sich jetzt als Retter des Klimas, des Planeten Erde und der Menschheit anbieten, sind die Gleichen, die schon seit der Zeit des Kolonialismus die Erde, die Kontinente, die Länder vieler Völker, deren Boden- und Kulturschätze plünderten, dabei den Erdboden vielfach verwüsteten und vergifteten und die Völker rücksichtslos und skrupellos und in unersättlicher Gier umbrachten, enteigneten, vergewaltigten oder versklavten. Was früher regional in den Kolonien der Kolonialmächte geschah, wird jetzt global auf die gesamte Welt übertragen.

Der US-Klimawissenschaftler Marc Morano zählt zu den 50 Top-Wissenschaftlern und Experten, die auf der 15. Internationalen Konferenz zum Klimawandel ICCC15 des Heartland Institutes, Illinois, am 25. Februar 2023 einen Vortrag hielten. Er ist unter anderem Autor des 2021 erschienenen Buches „Green Fraud: Why the Green New Deal Is Even Worse Than You Think" (Grüner Betrug: Warum der Green New Deal noch schlimmer ist, als Sie denken).

Laut Morano geht es bei der grünen Transformation nicht um eine Verbesserung des Lebens der Menschen, sondern um eine massive Machtübernahme durch eine kleine Elite. Er fasste sechs Aspekte der „Neuen Normalität" zusammen, welche im Rahmen des New Deals und des Great Reset gewaltsam durchgesetzt werden sollen:

1. Das Recht auf freie Meinungsäußerung und Bargeld wird durch Absprachen zwischen Unternehmen und Regierungen ausgehebelt.

2. Unser Energiesystem wird absichtlich durch die utopische Netto-Null-Vision zerstört.

3. Unser bisheriges Verkehrssystem wird absichtlich vernichtet, um uns unserer Bewegungsfreiheit zu rauben.

4. Unser Recht auf Eigentum von Besitz, Geld, Immobilien und Kraftfahrzeugen wird uns genommen.

5. Unsere bisherige Hochertragslandwirtschaft wird bewusst ruiniert, um künstlich Nahrungsmittelknappheit und damit Chaos zu schüren.

6. Natürliche Nahrungsmittel werden eingeschränkt oder verboten, um uns zu zwingen im Labor gezüchtetes Kunst-Fleisch und Insektenmehl zu essen.

Gegenwärtig erfolge der absichtlich herbeigeführte Zusammenbruch der bisherigen modernen Gesellschaften. Es gehe um die Erzeugung eines massiven Chaos, infolgedessen die orientierungslose Welt bereit sein wird, den sich dann als Retter anbietenden Eliten die absolute Macht zu übertragen (107).

In jeder Epoche der Geschichte versuchte die herrschende Klasse der Bevölkerung Freiheit und Besitz zu rauben. Jetzt versprechen die Eliten uns vor Corona, Terrorismus, Klimakatastrophen und Hunger zu schützen, wenn wir nur bereit sind, unsere Freiheit aufzugeben und uns ihnen zu unterwerfen. Green Deal, ein Programm zwecks Vermarktung und gleichzeitiger Verwüstung der Schöpfung sowie totaler Machtergreifung und Versklavung.

Die damit einhergehende Strategie der Verteufelung von Klimaskeptikern ist die gleiche wie bei der Dämonisierung der Impfskeptiker und -verweigerer. Die Corona-Lüge wurde nun mit der Klima-Lüge und mit entsprechenden Zensurmaßnahmen verknüpft.

Gemäß der biblischen Endzeitprophetie wird sich am Ende eine Verwüstung von dem Allmächtigen über die auf Erden angerichtete Verwüstung und über diejenigen, welche die Verwüstung verursachten, ergießen. Die jetzige Welt wird allein schon in Folge einer Art Selbstvernichtung untergehen. Gott aber wird die Schöpfung erneuern, eine neue Welt kreieren, in welcher Recht und Gerechtigkeit herrschen (108).

Und so werden in Kürze die (meist jüdischen) Kaufleute der Großen Hure, Jerusalem (109), die mit allem auf Erden einschließlich der Seelen und Leiber der Menschen Handel trieben und dabei unermesslich reich wurden, die mit ihrem Vermögen die gesamte Welt finanzierten und kontrollierten, in einer Nacht alles verlieren, was sie in Jahrhunderten im Zuge ihrer Planungen hinsichtlich einer sakral-politischen luziferischen Neuen Weltordnung aufbauten und aufhäuften. Im Gericht der Großen Trübsal wird der babylonische Turm ihres NWO-Weltmacht-Wahns endgültig zusammenfallen. Und der Gott des Himmels wird sein Weltreich des Friedens und der Gerechtigkeit aufrichten (110).

# Smart Citys – Internierungslager der Neuen Weltordnung

Zwecks möglichst effektiver Überwachung und Steuerung der im Zuge der gezielten Depopulation noch übrigbleibenden per mRNA-Technologie behandelten, gechipten und damit leitfähig gemachten Bevölkerung soll diese künftig in sogenannten „Smart-Citys" oder „Smart-Areas" eingeschlossen werden.

Um sicherzustellen, dass jeder innerhalb der Grenzen der Datenerfassung bleibt, wird der Bewegungsradius in diesen sogenannten intelligenten Städten und Gebieten auf 15 bis 20 Minuten vom Wohnort aus beschränkt. Alles was man zum täglichen Leben braucht, soll innerhalb einer kurzen Entfernung zu Fuß oder mittels des öffentlichen Nahverkehrs zu erreichen sein. Für größere Entfernungen wird eine kostenpflichtige Sondergenehmigung erforderlich sein. Wenn man nicht mehr die Smart-City-Zone verlassen kann, bedeutet dies, dass dann auch niemand einfach in diese hineinkann, um zum Beispiel Angehörige zu besuchen.

Ein wesentliches Merkmal des Lebens in diesen sogenannten intelligenten Orten und Gebieten wird sein, dass niemand etwas besitzen wird (die Masse besitzt nichts, die

Elite dagegen alles = Sozialismus). Alles wird geteilt: Häuser, Autos, Alltagsgegenstände, Wohnungen, sogar Bett und Kleidung im Sinne der Aussage *„Du wirst nichts besitzen und glücklich sein".* Es gibt keine Privatsphäre mehr, jede Bewegung, das gesamte Verhalten und sogar das Denken und der psychische Zustand werden digital erfasst, registriert und überwacht.

Darüber hinaus sollen rund 30 % aller Natur- und Wildgebiete der Erde grundsätzlich gesperrt werden, um die Menschen zu bewegen ihr Glück allein in der Smart-City und in der digitalen Traumwelt des „Metaverse" zu suchen (111). Urlaub an der Nordseeküste und auf den Inseln im „Kulturerbe Wattenmeer" sowie in den Alpen wird dann für die Masse nicht mehr möglich sein, sondern nur noch für die alles besitzende Elite und nützliche Lakaien. Und das alles zur angeblichen Rettung des Weltklimas, größerer Sicherheit und des besseren Gesundheitsschutzes aller eingesperrten „Bewohner".

Im Zukunftsmodell Smart-City laufen alle in dieser Abhandlung angeschnittenen Aspekte der Freiheitsberaubung in perfekter Form zusammen.

In einer Smart-City oder einer Smart-Area soll jeder Bereich des Lebens und der Gesellschaft durch eine Vielzahl von Technologien zur Datenerfassung überwacht werden, wie Smart-Lights, Smart-Cars, Smart-Phones, Smart-Homes, vielfältige smarte Geräte jeder Art. Diese externen Geräte sollen mit Geräten verbunden werden, welche die Menschen am Körper tragen und solchen, welche direkt in den

Körper implantiert werden. Geplant ist ein digitales Netz, in welches alle Dinge und alle Leiber aller Individuen eingebunden sind. Das zentrale „Nervensystem" der Smart-Citys wird das 5G-Netz sein. In vielen Straßenlaternen und Überwachungskameras großer Städte sind bereits 5G-Antennen zwecks Datensammlung, Echtzeitüberwachung und Steuerung der Massen versteckt, neben den ohnehin bereits überall aufgestellten 5G-Funknetzmasten. Über 5G können aber nicht nur Daten gesammelt, sondern auch netzintegrierte Menschen beeinflusst, erfasst und bei Bedarf „ausgeschaltet" werden. 5G dient zur Überwachung von Schlachtfeldern, Wohngebieten und als Strahlenwaffe.

Der im Rahmen eines derartigen transhumanistisch-technokratischen Systems natürlich nur noch in begrenzter Anzahl erforderliche Nachwuchs wird entsprechend späterer geplanter Einsatzverwendung in Retorten gezeugt und gebildet, gemäß zuvor per PC-designter DNA. Ehe, Familie, Liebe und Intimität zwischen Mann und Frau sollen abgeschafft werden. Lust und Sex möglichst nur noch auf gleichgeschlechtlicher Ebene, mit „willigen" Kindern oder mit Tieren, ohne das Risiko der Entstehung schließlich nur die Umwelt belastender neuer Kinder (112). Falls etwas daneben geht: Abtreibung. Was für eine grausame und inhumane Dystopie!

In den Niederlanden beschloss die Regierung die Vernichtung von rund 3.000 Bauernhöfen (quasi Enteignung der Besitzerfamilien und Vernichtung von deren Existenzen), um Platz zu schaffen für eine monströse Smart-City namens TriState City, welche künftig rund 40 Millionen Menschen aus Belgien, Deutschland und den Niederlanden und das Gebiet zwischen Amsterdam, Emden, Düsseldorf, Köln und Brüssel umfassen soll (113). Die Einwohner von TriState City werden eingeschlossen in vielen einzelnen regionalen Smart-Zonen,

Ab Juli 2021 startete das Bundesinstitut für Bau-, Stadt- und Raumforschung ein Projekt für die künftige Einrichtung von Smart-Citys auch in Deutschland. Im Rahmen des Smart-City-Modellprojektes unterstützt die Bundesregierung bis dato bereits 28 ausgewählte größere Städte und Landkreise in der Entwicklung einer sektorenübergreifenden strategischen digitalen angeblich gemeinwohlorientierten zukünftigen Stadt- und Raumentwicklung (114). Smart-City Projekte gibt es inzwischen in nahezu allen größeren Städten und Metropolen der Welt.

In Australien erließ die Regierung ein Gesetz, das es erlaubt, Bewohner ländlicher Gebiete zwangsweise in Smart-Citys umzusiedeln, wenn ihr Gebiet (tatsächlich oder angeblich) kontaminiert ist. Mithilfe einiger geplanter Unglücke und eines Krieges ist vieles möglich (115).

Auch hier bleibt die Frage, ob das alles so funktioniert, ob das alles so durchsetzbar ist oder ob auch diese Experimente im Chaos enden. Zumindest ist es so geplant. Die abgrundtiefe Bosheit dieser Agenda ist unbeschreiblich. Aber noch viel schlimmer ist die anhaltende Verweigerung des Großteils der Öffentlichkeit, diese existenz- und freiheitbedrohenden Entwicklungen überhaupt zur Kenntnis zu nehmen.

Smart Citys – Internierungslager der Neuen Weltordnung!

Welch ein Gegensatz zu diesem teuflischen Stadtmodell ist die Stadt, welche der lebendige Gott in Ewigkeit für diejenigen bereitet hat, die ihn und sein Heil in Christus im Glauben annehmen (116). Das himmlische Jerusalem ist die Stadt der Freiheit (117) und des ewigen Friedens, die Stadt, in welcher die Herrlichkeit der Gottheit gegenwärtig ist (118), zu der alle Erlösten uneingeschränkten Zutritt haben, in welcher sich alle zu Gottes himmlischem Volk Gehörenden frei bewegen können.

# UN-Strategie zur Bewältigung globaler Schockereignisse –
Letzter Akt zur Durchsetzung der NWO

Die Vereinten Nationen erwuchsen aus den Haager Friedenskonferenzen und aus dem nach dem Ersten Weltkrieg gegründeten Völkerbund. Bereits während des Zweiten Weltkrieges begannen Planungen zwecks Bildung einer erweiterten Weltorganisation mit dem Ziel der Herausarbeitung einer neuen Weltfriedens- und Sicherheitsordnung. 1945, während der Konferenz von Jalta, wurde von den Siegermächten die Charta der Vereinten Nationen (Gründungsvertrag) beschlossen. Diese Charta wurde dann am 26. Juni 1945 auf der Konferenz von San Franzisco von 50 Staaten, den sogenannten Gründerstaaten, unterzeichnet und angenommen. Sitz der neuen United Nations Organisation wurde New York (119).

Hier einige kurze Zwischenbemerkungen: Die Vertreter der Siegermächte Roosevelt, USA, Churchill, England, Stalin, Russland, die den Krieg führten und gewannen und Rockefeller, welcher das Grundstück für den Sitz der UNO zur Verfügung stellte, waren alle Logenbrüder höchster Grade. Sie hatten gerade mittels des Zweiten Weltkrieges die bis dahin bestehenden europäischen und globalen Ordnungen zerschlagen, um folgend weitere Planungsschritte Richtung einer neuen zunächst paneuropäischen und danach globalen Neuen Nachkriegsweltordnung durchzusetzen (120). Die Durchgänge Eins und Zwei - sprich Weltkriege I und II – wurden erfolgreich abgeschlossen. Gegenwärtig läuft der letzte Durchgang Nummer Drei an. Alle nach dem Zweiten Weltkrieg eingerichteten multilateralen überstaatlichen Organisationen wurden immer nur als Übergangsformen hin zu einer globalen Endausbildung betrachtet.

Gemäß Satzung verfolgte die UNO die Ziele: Aufrechterhaltung und gegebenenfalls Durchsetzung des Weltfriedens, (angeblich) demokratischer Ordnungen und des freien Welthandels. Die UNO erarbeitete völkerrechtliche Entschließungen, die international wie national für alle Staaten und Völker rechtlich bindend sind. Die UNO ist laut ihrer Charta berechtigt, ihre Entschließungen und das sogenannte Völkerrecht diplomatisch, durch Wirtschaftssanktionen oder auch notfalls mit Gewalt durchzusetzen. Bezüglich ihres Selbstermächtigungsanspruches hatte die UNO allerdings früher immer wieder drei entscheidende Probleme:

1. Entschließungen in der Vollversammlung erfolgten gemäß Mehrheitsbeschluss. Da aber asiatische und blockfreie Staaten und Länder der sogenannten Dritten Welt die Mehrheit bildeten, war es für die westliche Staatengemeinschaft oft schwierig Entschließungen durchzusetzen, hinter denen sich vitale Interessen des Westens verbargen.

2. Aufgrund des Vetorechts der Mitglieder des ständigen Sicherheitsrates blockierten sich die Vereinten Nationen

in der Vergangenheit häufig selbst. Wenn ein Staat eigene Interessen gefährdet sah, wie es häufig in der Konfrontation zwischen den USA und der ehemaligen UdSSR der Fall war, wurden Entschließungen vielfach durch das Vetorecht eines der Mitglieder des ständigen Sicherheitsrates zu Fall gebracht.

3. Die Vereinten Nationen verfügten als Völkerrecht formulierende Organisation (Legislative), über keine eigene ihnen unterstellte Militärmacht (Exekutive) zur Durchsetzung ihrer Entschließungen.

Die UNO war also in ihrer bisherigen Form nicht recht fähig, internationale Krisen effektiv zu lösen (121). Aus diesem Grund verfolgte man schon seit 1945 das längerfristige Ziel einer grundlegenden Reform der Vereinten Nationen und der Bildung eines künftigen neuen UN-Parlaments als eine globale für alle Völker verbindliche parlamentarische Versammlung mit Durchsetzungsrecht. Im Zuge der fortschreitenden Globalisierung und wachsender globaler (künstlich herbeigeführter) Krisen und Konflikte wird dieses Anliegen gegenwärtig immer aktueller und drängender. Nach dem Willen vieler internationaler Organisationen, NGOs, multilateraler Machteliten und Netzwerke soll nun bald eine Parlamentarische Versammlung mit Durchsetzungsvollmacht (UN-Parlament, „United Nations Parliamentary Assembly" (UNPA)) im Rahmen der UNO oder des UN-Sicherheitsrates eingerichtet werden (122).

Im April 2007 startete das Programm „Kampagne für eine parlamentarische Versammlung der Vereinten Nationen". Das Sekretariat „Komitee für eine demokratische UNO" (KDUN), englisch „Democracy without Borders" mit Sitz in Berlin koordiniert die Planungen (123). Die deutschen politischen Behörden spielen dabei eine führende Rolle.

Auf der Homepage des ‚Auswärtigen Amtes, Rubrik Außen- und Europapolitik hieß es: *„Die Reform des UN-Sicherheitsrats bleibt ein Kernanliegen der Bundesregierung, um dessen Legitimität und Autorität zu wahren. Eine Anpassung an die heutigen geopolitischen Realitäten ist notweniger Teil einer solchen Reform dieses wichtigen Gremiums der multilateralen Weltordnung [...]*

*Ohne eine Anpassung des Rates an die geopolitischen Realitäten des 21. Jahrhunderts [...] läuft der Sicherheitsrat Gefahr, an Legitimität und Autorität zu verlieren."* (124)

In den internationalen Planungen hinsichtlich einer Reform der UNO geht es um die nun baldige Einrichtung einer „Weltpolitischen Behörde", um die Zusammenführung aller supranationalen Strukturen zu einem Welt-Staat, um die endgültige Verwirklichung der seit Jahren angestrebten „United Nations Parliamentary Assembly" (UNPA). Die Mitglieder dieses UN-Parlamentes werden allerdings nicht demokratisch gewählte Vertreter der Völker der Mitgliedstaaten sein, sondern nur (Interessens-)Vertreter der großen supranationalen Organisationen (EU, G20, IWF, Arabische Liga, NATO, die BRICS-Staaten, Organisation für afrikanische Einheit und etliche andere), ebenso Lobbyisten und Mittelsmänner der großen multilateralen Konzerne,

Banken, Investmentfonds, des Militärs und der Geheimdienste. Seit dem Fall der innerdeutschen Grenze beschleunigen sich die Ereignisse. Die globalistischen Machteliten sind fest entschlossen, ihre messianische Vision ihrer NWO in Kürze über eine Reform der UNO durchzusetzen und zu vollenden (125).

Um nun die Weltbevölkerung dahin zu bringen, die angestrebte NWO auch tatsächlich anzunehmen und sich ihr zu unterwerfen, ist nur noch eine gewaltige globale Krise erforderlich, im Sinne einer Aussage David Rockefellers: *"We are on the verge of a global transformation. All we need is the right major crisis and the nations will accept the New World Order."* (Wir stehen am Rande einer weltweiten Umgestaltung. Alles was wir brauchen, ist die richtig gewaltige Krise und die Nationen werden die Neue Weltordnung akzeptieren) (126).

Diese globale Krise lief nun unübersehbar an, in der Corona-Krise 2020-2023, im Krieg in Osteuropa, im Kampf der Systeme zwischen NATO, Russland und China, in der Wirtschafts- und Energiekrise infolge der Sanktionen gegen Russland und in der steigenden Gefahr eines globalen Finanzcrashs. Die sich global steigernden Krisenszenarien erfordern ein global koordiniertes Krisenmanagement im Rahmen einer neuen Notfallplattform zwecks Bewältigung globaler Schockereignisse unter dem Dach der reformierten UNO.

So wie die WHO die totale Kontrolle und Weisungsbefugnis über alle Nationalstaaten im Bereich „Gesundheit" übernimmt, werden die neue UNO und ihre neue „United Nations Parliamentary Assembly" die totale globale Kontrolle über alle weiteren Bereiche übernehmen!

Die Vereinten Nationen veröffentlichten kürzlich das Strategiepapier „Our Common Agenda" hinsichtlich der Errichtung dieser Notfallplattform im Rahmen der UNO oder des UN-Parlamentes oder als neues UN-Gremium ergänzend neben diesen. Falls dieses Strategiepapier hinsichtlich Verwaltung künftiger globaler Schocks ebenso wie der neue WHO-Pandemievertrag bei der UN-Vollversammlung im Frühjahr 2024 angenommen wird, wovon auch hier auszugehen ist, werden die UNO, das UN-Parlament und die UN-Notfallplattform mit weitreichenden Befugnissen ausgestattet, sämtliche künftige komplexe globale Schockereignisse zu managen und ebenfalls für alle Nationalstaaten und Völker verpflichtende Maßnahmen anzuordnen. Im Falle eines vom Generalsekretär festgestellten und ausgerufenen komplexen globalen Schocks werden dann Führungskräfte aus allen Bereichen des globalen multilateralen Systems zusammenkommen (über militärisch gesichertes Netz), die Lage analysieren, nötige Daten zusammentragen, alle nötigen Maßnahmen koordinieren und verbindliche Anordnungen für alle Nationalstaaten erlassen (127). Damit werden die neue UNO, das UN-Parlament und die UN-Notfallplattform das politische Herzstück der neuen technokratischen Weltregierung.

*„Ich schlage vor",* äußerte der Generalsekretär der Vereinten Nationen, Antonio Guterres, *„dass die Generalversamm-*

*lung den Generalsekretär und das System der (reformierten) Vereinten Nationen mit der ständigen Befugnis ausstattet, im Falle eines künftigen komplexen globalen Schocks von weitreichendem Ausmaß und Schweregrad automatisch die Notfallplattform einzuberufen und zu aktivieren."*

Ein komplexer globaler Schock wird definiert als *„ein Ereignis mit schwerwiegenden Folgen für einen beträchtlichen Teil der Weltbevölkerung, welches zu sekundären (nachfolgenden) Auswirkungen in mehreren Sektoren führt."* Als Beispiele von Krisen dieser Art werden angeführt:

1. Die Corona-Krise 2020 bis 2023 sowie weitere künftige Pandemien.

2. Großflächige klimatisch oder umweltbedingte Ereignisse.

3. Ein unerwarteter starker Anstieg der globalen Lebenshaltungskosten.

4. Freisetzung (weiterer) biologischer Kampfstoffe.

5. Die Unterbrechung der globalen Waren-, Personen- und Finanzströme.

6. Schwere Störungen im Cyberspace und im globalen digitalen Netz.

7. Ein größeres Ereignis im Weltraum mit schweren Störungen in kritischen Systemen auf der Erde.

8. Andere unvorhergesehene Risiken („Schwarzer-Schwan-Ereignisse")

Diese aufgelisteten Krisen können auch in Form von „Polykrisen" auftreten.

Wer mit der biblischen Prophetie hinsichtlich Entrückung der Gemeinde und den kosmisch-tektonischen Gerichten der Großen Trübsal vertraut ist, weiß, dass Ereignisse wie aufgelistet mit Sicherheit eintreten werden. Die Entrückung wird gewiss ein „Schwarzer Schwan" für die Welt sein.

Die Feststellung eines globalen Schockereignisses und die Aktivierung der Notfallplattform seitens der neuen reformierten UNO führt dann, wie bei der Ausrufung eines pandemischen Notfalls durch die UN-Unterorganisation WHO, zu weiteren umfassenden Einschränkungen der Menschen- und Freiheitsrechte, zu struktureller Diskriminierung und zu sonstigen weiteren Beschränkungen.

Da viele Krisen nicht zufällig, sondern gesteuert zustande kamen und kommen, kann man sich gut vorstellen, wie die Machteliten weiter vorgehen werden, um ihr Ziel der Durchsetzung und weltweiten Akzeptanz einer „Weltpolitischen Behörde" endlich zu erreichen. Schließlich hieß es schon in den bereits erwähnten Illuminaten-Planungsprotokollen:

*„Wir besitzen unbegrenzten Ehrgeiz, brennende Habgier, unerbittliche Rachsucht und tiefen Hass. Von uns geht ein alles verschlingender Terror aus."* (128) *„Man erzielt bessere Erfolge, wenn man die Menschen mit Gewalt und Einschüchterung [...] regiert"* (129) *„Dabei darf es auf die Zahl der Opfer, die für das künftige Wohl gebracht werden müssen, nicht ankommen."* (130)

Angesichts dieser brutal-bösartigen Pläne gibt es nur eine Hoffnung. Gott spricht:

*„Fürchte dich nicht, denn ich bin mit dir; sei nicht ängstlich, denn ich bin dein Gott; ich stärke dich, ich helfe dir, ja, ich erhalte dich durch die rechte Hand meiner Gerechtigkeit! Siehe, beschämt und zuschanden werden alle, die gegen dich zürnen; es werden zunichte und umkommen die Männer, die gegen dich kämpfen. Du wirst sie suchen aber nicht finden, die Männer, die gegen dich streiten; wie nichts sollen sie werden, die Männer, die Krieg gegen dich führen. Denn ich, der Herr, dein Gott, ergreife deine rechte Hand und sage dir: Fürchte dich nicht, ich helfe dir".* (131)

Und Jesus Christus, Gottes Sohn, sagte vor seiner Rückkehr in das himmlische Reich seines Vaters zu seinen Nachfolgern:

*„Mir ist gegeben alle Gewalt im Himmel und auf Erden [...] Und siehe, ich bin bei euch bis an das Ende der Weltzeit."* (132)

Klammere dich in der Not an den allmächtigen dreieinigen Gott und sein Wort!

# Die Entfaltung des globalen Militär- und Polizeistaates

Unerlässlich zur Durchsetzung der geplanten Ziele und Maßnahmen der transhumanistisch-technokratischen Machteliten, der luziferisch-freimaurerischen Globalisten und der von diesen gesteuerten suprastaatlichen Organisationen ist ein umfassender Polizei- und Militärapparat und ein alles beobachtender und ausspähender Geheimdienst- und Überwachungsapparat. Die Entwicklung hin zu einem globalen Militär- und Polizeistaat ist weltweit zu beobachten.

Am 14.06.2023 beschloss die Bundesregierung erstmals (seit dem letzten Krieg) eine „Nationale Sicherheitsstrategie" für Deutschland, die in einem Gesamtansatz alle (realen oder angeblichen) inneren und äußeren Sicherheitsbedrohungen einschließen soll. Gemäß Bundeskanzler Scholz sei es die zentrale Aufgabe des Staates die *„Sicherheit aller Bürger"* zu gewährleisten. Gemäß Außenministerin Baerbock sei eine umfassende *„integrierte Sicherheit"* nötig, bei welcher alle gesellschaftlichen Akteure, Mittel und Instrumente zusammenwirken müssen. Die Strategie soll ressortübergreifend Vorgaben setzen für alle sicherheitspolitischen Herausforderungen und zudem für die Zusammenarbeit von Bund, Ländern, Kommunen, Polizei und bei Bedarf Militär. Die Nationale Sicherheitsstrategie benennt folgende Ziele:

1. Mindestens 2 % des Bundeshaushaltes für Militärinvestitionen für Bunderwehr und Nato,

2. Stärkung der Spionage-, Sabotage- und Cyberabwehr sowie der Verteidigungstechnologie und Verteidigungsfähigkeit auf EU-Ebene.

3. Verbesserte Ausstattung und Ausrüstung von Bundesnachrichtendienst, Verfassungsschutz und Militärischem Abschirmdienst zum Kampf gegen „Desinformation" und andere hybride Bedrohungen.

Dazu sollen die *„Wehrhaftigkeit"* der Bundeswehr, die *„Zivilverteidigung"* und der *„Bevölkerungsschutz",* die *„Resilienz"* (Widerstandsfähigkeit) der Bevölkerung in Krisen, die allgemeine *„Versorgungssicherheit"* und die weitere künftige *„Pandemieprävention"* gestärkt werden (133).

Die Website „German-Foreign-Policy.com" vermeldete unter der Überschrift „Bundesregierung legt Nationale Sicherheitsstrategie vor" passend dazu:

„Die Nationale Sicherheitsstrategie [...] unterwirft die gesamte Gesellschaft einem alles umfassenden Begriff angeblicher Sicherheit [...] Wie es in dem Papier heißt befinde sich die Welt aktuell *„in einem Zeitalter wachsender Multipolarität",* in welchem neue Mächte aufsteigen. Während China „Partner, Wettbewerber und systemischer Rivale" zugleich sei, sei Russland dagegen *„auf absehbare Zeit die größte Bedrohung für Frieden und Sicherheit im euroatlantischen*

*Raum"*. Dem entsprechend wird in der Sicherheitsstrategie bekräftigt, dass es nun darum gehe, die Bundeswehr umfassend aufzurüsten, sie *„zu einer der leistungsfähigsten konventionellen Streitkräfte in Europa"* zu machen und Deutschland zudem zur militärischen Drehscheibe für die NATO im Krieg gegen Russland auszubauen.

Spezielle Bedeutung misst das unter Federführung von Baerbock erstellte Papier der Fähigkeit der Bevölkerung bei, im *„Konfliktfall"* jederzeit *„die nötige Widerstandskraft (Resilienz) zu entwickeln"*; dazu müsse *„jede und jeder Einzelne"* beitragen. *„Wehrhaftigkeit"* (auch der Zivilbevölkerung) wird zum alles dominierenden, im Kern totalitären Imperativ." (134)

Soll die Bevölkerung angesichts des sich wohl ausweitenden Krieges zwischen NATO und Russland mittels der neuen „Nationalen Sicherheitsstrategie" in einer Art Kriegspropaganda auf baldige Katastrophenszenarien und Kriegszustände auch im Inneren vorbereitet werden? Ein hybrider Krieg ist angelaufen. Krieg liegt in der Luft, was auch in der ständigen Polemik der gesteuerten „Qualitätsmedien" gegen Russland und China deutlich wird. Wenn es denn soweit kommt, hat das natürlich noch weiterreichende Folgen hinsichtlich aller bisherigen Freiheiten und Grundrechte. Dann herrscht Kriegsrecht.

An dieser Stelle mögen erneut die Illuminaten-Planungsprotokolle zu Wort kommen:

*„Die Vermehrung der Rüstungen und der Polizei sind eine notwendige Ergänzung unseres Plans. Wir müssen erreichen,*

*dass es [...] in allen Staaten [...] uns ergebene Polizei und Soldaten gibt."* (135)

Der sich entwickelnde globale Staat wird unweigerlich ein Zwangs- und Unterdrückungsstaat sein, wie dies ansatzweise in China aber auch in den USA, Australien und Kanada zu sehen ist: Staatliche Überwachung, biometrische Datenbanken, Bürger wie Terroristen behandelt, Haftstrafen für Regierungskritiker, Razzien, Zensur, Sicherheitskontrollen an wichtigen Knotenpunkten, Leibesvisitationen, erzwungene Blutabnahmen und DNA-Entnahmen, private Gefängnisse und staatliche Lager, bewaffnete Drohnen, Wärmebildkameras, Taser, polizeiliches Fehlverhalten und Regierungskorruption. Verunglimpfung Andersdenkender als rechtsradikale Extremisten.

Die Überwachung wird unvermindert fortgesetzt. Egal, ob man durch ein Geschäft geht, mit dem Auto fährt, E-Mails abruft oder mit Freunden und Verwandten telefoniert, man kann davon ausgehen, dass eine Regierungs- oder Sicherheitsbehörde abhört, mithört und verfolgt. Die Polizei wird mit einer ganzen Reihe neuester Überwachungstechnologien ausgestattet, von Nummernschildlesern über Handyortungsgeräte bis hin zu biometrischen Datenaufzeichnungsgeräten. Die Überwachungstechnologie ermöglicht es der Polizei Passanten zu scannen, um den Inhalt ihrer Taschen, Geldbörsen, Aktentaschen und Handtaschen zu ermitteln. Ganzkörperscanner, die bei Flugreisen virtuelle Leibesvisitationen durchführen, sind inzwischen im mobilen Einsatz in umherfahrenden Polizeifahrzeugen, die sowohl Fahrzeuge als auch Gebäude - einschließlich Wohnungen - durchleuchten. In Verbindung mit dem wachsenden Netz von Echtzeit-Überwachungskameras und Gesichtserkennungssoftware wird es bald keinen Platz mehr zum Weglaufen und kein Versteck mehr geben.

Personen, in deren Körper im Zusammenhang mit verimpften mRNA-Substanzen zugleich leitfähige Nanopartikel injiziert wurden, denen gar ein Chip implantiert wurde, sind mittels 5G jederzeit zu orten und können durch den Einsatz von Strahlenwaffen „neutralisiert" (ausgeschaltet) werden.

Es erfolgt globale Spionage. Jede Person auf dem Planeten die ein Telefon, ein Handy oder einen Computer benutzt ist überwachbar. Die NSA fängt mithilfe ihres Echelon-Programms praktisch jeden Telefonanruf, jedes Fax und jede E-Mail ab, die auf der Welt verschickt werden, und analysiert sie (136). - Überwacht werden natürlich auch religiöse Gruppen.

Unsere Freiheiten werden ausgehöhlt, unsere Verfassungen ausgehebelt, unsere Rechtslandschaft so umgestaltet, dass Kriegsrecht, Ausnahmezustandsrecht und nicht länger mehr Rechtsstaatlichkeit herrschen.

Die Polizei, in früheren Jahren „Dein Freund und Helfer", wandelt sich in schwer bewaffnete Ableger des Militärs, ausgestattet mit Springerstiefeln, Helmen, Schutzschilden, Schlagstöcken, Pfefferspray, Betäubungsgewehren, Sturmgewehren, Schutzwesten, Miniaturpanzern und bewaffneten Drohnen. Krieg gegen die Zivilbevölkerung! Die Schattenregierung - auch benannt als „der tiefe Staat", der

Polizeistaat, der militärisch-industrielle Komplex und der Überwachungsstaat mit Sicherheits- und Geheimdiensten - wird sich weiter entfalten, gestützt von einer unheiligen Allianz zwischen sich zunehmend aggressiv gebenden Regierungen, Megakonzernen und global agierenden Machteliten. Die NATO: Internationale Militärpolizei.

Ludwig von Mises, österreichisch-amerikanischer Wirtschaftswissenschaftler und Ökonom schrieb:

*„Der Staatsapparat ist ein Zwangs- und Unterdrückungsapparat. Das Wesen der Staatstätigkeit ist es, Menschen durch Gewaltanwendung oder Gewaltandrohung zu zwingen, sich anders zu verhalten, als sie sich aus freiem Antrieb verhalten würden."* (137)

*„Es gibt keine gefährlichere Bedrohung für die Zivilisation als eine Regierung aus unfähigen, korrupten oder niederträchtigen Menschen."* (138)

Bereits während der Corona-Krise wurden die die innere Sicherheit betreffenden Strukturen geschaffen und etabliert, auf welche bei weiteren künftigen Krisenszenarien zurückgegriffen werden wird.

Im Juli 2020 gab die damalige Verteidigungsministerin Kramp-Knarrenbauer die Einrichtung eines neuen Freiwilligendienstes von zunächst rund 1000 Soldaten und Soldatinnen im Rahmen der Bundeswehr bekannt. Diese Truppe soll künftig im Rahmen der inneren Sicherheit, des Heimatschutzes und der Objektsicherung eingesetzt werden (139).

Anfang September 2023 sprach sich Bundespräsident Steinmeier für die Einführung eines allgemeinen sozialen

Pflichtjahres aus: Einsatz im Inneren in Sozialdiensten, Flüchtlingshilfe, Katastrophen- und Zivilschutz (140). Diese anfangs noch umstrittene aber inzwischen auch von Parteien aufgenommene Forderung erinnert an den militärähnlichen Pflichtdienst für Staat und Gesellschaft junger Menschen in sozialistischen Regimen.

2021 erließ die spanische Regierung ein Gesetz bezüglich einer künftigen *„Situation von Interesse für die nationale Sicherheit"*, welches Mustercharakter für das künftige per Polizei und Militär durchgesetzte und überwachte Krisenmanagement in der gesamten EU haben dürfte: Für den Fall, dass ein nationaler Notstand ausgerufen wird, können die Behörden vorübergehend jede Art Eigentum beschlagnahmen und die Einstellung jeglicher Aktivitäten anordnen. Die Pflicht zur Herausgabe privaten Eigentums gilt auch für Unternehmen und juristische Personen, wie Kirchen und Vereine, die mit den Behörden zusammenarbeiten müssen, um jeweils ausgerufene Krisen zu bewältigen. Darüber hinaus kann die Regierung auch die allgemeine Wehrpflicht einführen. (141)

Infolge der Erfahrungen mit der Rolle des Militärs und dem brutalen Vorgehen der geheimen Staatspolizei (Gestapo), der politischen Polizei während der Zeit des Nationalsozialismus, war der Gedanke an einen erneuten Einsatz der Armee im Inneren nach dem Krieg lange Zeit ein Tabu. Die Angehörigen der Bundeswehr der jungen BRD galten als „Staatsbürger in Uniform", welche die „Werte" des US-dominierten moralisch angeblich besseren Westens gegen die Gefahr des bösen Kommunismus und Sozialismus aus dem Osten verteidigen sollten. Dieses ehemals idyllisch-verklärte Bild der Bundeswehr begann sich spätestens seit deren Einsatz in Afghanistan aufzulösen. Der Einsatz des Militärs auch im Inneren und die Militarisierung der Polizei sind inzwischen auch in Deutschland wieder normal geworden.

Im Januar 2013 wurde das neue „Kommando Territoriale Aufgaben der Bundeswehr" eingerichtet. Am 10. Januar 2018 übernahm Generalleutnant Carsten Breuer das Kommando. In dieser Funktion organisierte Breuer ab März 2022 die „Amtshilfe der Bundeswehr" im Inneren aus Anlass der COVID-19-Pandemie, wozu die Verwendung von Soldaten in Gesundheitsämtern und Kliniken, im Aufbau und Betrieb von Impfzentren sowie bei der Verteilung der als Impfstoffe bezeichneten und getarnten mRNA-Substanzen gehörte (142).

Dieses nach wie vor bestehende Territoriale Führungskommando der Bundeswehr (TFK) ist eine dem Bundesministerium für Verteidigung unmittelbar unterstellte Kommandobehörde, zuständig für Operationen der Bundeswehr in Deutschland, für die schnelle Aufstellung eines nationalen Krisenstabes, die operative Führung im Heimat- und Katastrophenschutz sowie der insgesamt im Innern eingesetzten Bundeswehrkräfte insbesondere im Rahmen der zivil-militärischen Zusammenarbeit. Das Kommando ist zudem zuständig für den reibungslosen Ablauf von NATO-Aktivitäten auf dem Gebiet der Bundesrepublik, denn speziell Deutschland soll zur Hauptdrehscheibe des langfristig angesetzten Krieges gegen Russland werden (143).

Die Strukturen stehen einsatzbereit für weitere kommende Pandemien und Katastrophenszenarien und die „Befriedung" drohender sozialer Unruhen sowie für die Umsetzung der UN-Strategie zur Bewältigung globaler Schocks.

Erschreckende Beispiele für die Art und Weise des künftigen Vorgehens militarisierter staatlicher Ordnungskräfte, auch mit Unterstützung durch das Militär, waren die brutalen Einsätze gegen die sich gegen die Coronamaßnahmen wehrenden Trucker (Freedom Convoy) in Kanada (144) und die sich gegen ihre Enteignung wehrenden Landwirte in den Niederlanden (145) sowie gegen die sich der Coronatyrannei entgegenstellenden Zivilbevölkerung in Australien und Neuseeland (146).

Unter der Überschrift „Europas Führung fürchtet soziale Unruhen" hieß es in Welt-Online bereits 2009: „Es brodelt in der Europäischen Union. Die Menschen haben Angst vor Arbeitslosigkeit und sozialem Abstieg. Und sie sind wütend auf die Politiker. Es wächst die Angst vor sozialen Unruhen. Die Protestwelle rollt bereits […] Zum Abschluss eines Protesttages gegen die Wirtschaftspolitik der Regierung kam es in Paris zu Ausschreitungen." (147)

Im Juni 2013 titelte „manager magazin" online: „Soziale Unruhen werden wahrscheinlicher". Nach Ansicht von UN-Experten nähme seit der Finanzkrise und der damit verbundenen wachsenden Arbeitslosigkeit das Risiko von sozialen Unruhen besonders in Europa zu (148). Die seit 2018 in Frankreich immer wieder aufflammenden Proteste der Gelbwesten-Bewegung mit deren Forderungen nach mehr sozialer Gerechtigkeit deuten an, welches Protestpotential sich in Europa allgemein entwickelt. Und die Art und Weise des Vorgehens der militarisierten Ordnungskräfte gegen diese Unruhen und Proteste verdeutlichen, wie der Staat darauf reagieren wird.

Der Druck im Kessel der Gesellschaften wird infolge weiterer Krisen (Pandemien, Energie-, Nahrungsmittel-, Finanzkrise, Kriegsfolgen, Klima-, Migrationskrise) weiter ansteigen, bis es schließlich zur gewollten gesellschaftlichen Explosion kommt, wie schon in den Illuminaten-Protokollen prognostiziert:

*„Zunehmende Zwistigkeiten zu sozialen Kämpfen führen, die Staaten gehen in Flammen auf und ihre ganze Größe fällt in Asche zusammen."* (149)

*„Nur noch kurze Zeit und überall werden Unordnung und Zusammenbrüche eintreten […] Der Missbrauch der Macht führt schließlich zum Zusammenbruch der verfassungsmäßigen Einrichtungen und unter den Schlägen der rasend gewordenen Masse geht alles in Trümmer."* (150)

*„Durch Not, Neid und Hass werden wir die Massen lenken und uns ihrer Hände bedienen, um alles zu zermalmen, was sich unseren Plänen entgegenstellt […] Dieser Hass wird infolge der Wirtschaftskrise noch zunehmen, durch die das Börsengeschäft* (Bankensystem), *die Industrie* (Wirtschaft) *und das Gewerbe* (Mittelstand) *schließlich lahm gelegt werden […] wir werden mit allen verborgenen Mitteln eine all-*

*gemeine Wirtschaftskrise erzeugen und ganze Massen von Arbeitern in allen Ländern Europas gleichzeitig auf die Straße werfen."* (151)

*„In ganz Europa und ebenso auch in den anderen Erdteilen müssen wir Gärung, Zwietracht und Hass erregen."* (152)

Wenn die nationalen Regierungen und Staaten schließlich zusammenbrechen, bleiben am Ende nur das Militär und militarisierte Polizeikräfte, mittels welcher dann die Machteliten die totale Kontrolle übernehmen und durchsetzen werden. Dann wird nichts mehr geduldet, was sich in irgendeiner Weise gegen ihre Diktatur stellen könnte. Dann herrschen brutale Unterdrückung und Gewalt.

Bereits im „Kampf" gegen die Coronakrise traten in ganz Europa vermehrt Militärs in der Öffentlichkeit in Erscheinung. Generäle in Uniform gaben Pressekonferenzen und Vorgaben zum Thema Impfung und Impfprogramm. Schon damals sollte ein klares Zeichen gesetzt werden: Die Lage ist ernst. Wir befinden uns im „Krieg" gegen ein (angeblich) gefährliches Virus (153)! Infolge der Entfaltung weitere hybrider Kriegsszenarien, wird die Rolle des Militärs hinsichtlich der Aufrechterhaltung von Ordnung und Sicherheit zweifellos weiter zunehmen.

*„Wie lange, o Gott, schaust du dem Unrecht zu? Bedrückung und Gewalttat werden vor meinen Augen begangen; es entsteht Streit und Zwistigkeit erhebt sich. Darum wird das Gesetz außer Kraft gesetzt und das Recht kommt nicht mehr zur Geltung; denn der Gottlose bedrängt den Gerechten von allen Seiten, darum wird die Rechtsprechung gebeugt."* (154)

*„Meine Seele (aber) erhebt den Herrn und mein Geist freut sich über Gott, meinen Retter […] Er bewirkt Mächtiges mit seinem Arm; er zerstreut die Hochmütigen; er stößt die Mächtigen von ihren Thronen."* (155) Das ist die Hoffnung derer, die Gott und sein Heil suchen!

# Der Raub der Freiheit ist zugleich der Raub der Würde des Menschen

Die allumfassende Freiheitsberaubung aller Individuen und der Menschheit insgesamt ist verbunden mit der gleichzeitigen Entwürdigung des von Gott erschaffenen und zur Herrschaft über die Schöpfung und zur Gemeinschaft mit seinem Schöpfer berufenen Menschen.

Der Begriff Würde, eine Ableitung von dem mittelhochdeutschen Wort „wirde", ist sprachgeschichtlich verwand mit dem Begriff „Wert". Die Würde oder der Wert eines Menschen bezeichnet den Rang, die Ehre und das Ansehen eines Menschen einfach aufgrund seines Menschseins an sich. Im allgemeinen Sprachverständnis versteht man unter Würde den intrinsischen (innewohnenden), Achtung und Respekt gebietenden Wert eines jeden Menschen.

Die christliche Anthropologie leitet die Würde und den Wert eines jeden Menschen von der biblischen Lehre vom Menschen als Ebenbild Gottes und von seiner Vorrangstellung unter Gottes Geschöpfen ab (156). Jeder Mensch ein einzigartiges Geschöpf mit unermesslichem Seltenheitswert! Demnach sind die Würde und der Wert eines Menschen gottgegeben und damit unaufhebbar, weswegen auch im Grundgesetz der BRD formuliert wurde: „Die Würde des Menschen ist unantastbar. Sie zu achten und zu schützen ist Verpflichtung aller staatlichen Gewalt." (157) Aus dem Bewusstsein der von Gott verliehenen Würde erwachsen ein gesundes und stabiles Selbstwertgefühl und eine starke Identität. Der Identitätsverlust des modernen Menschen, zusätzlich forciert von Politik und Machteliten, resultiert aus dessen nicht mehr vorhandener Gottesbeziehung.

Die mit dem Raub der Freiheit verbundene Entwürdigung des Menschen wird gegenwärtig in verschiedenen Bereichen deutlich, besonders in der moralischen Entartung, Abartigkeit und Selbst-Entwürdigung:

In der Entblößung und Zurschaustellung des menschlichen Leibes, seiner Scham- und Intimzonen, im Niederreißen aller Schamgrenzen, im Genderwahn, in der LGBTQ-Bewegung und Regenbogen-Ideologie, in der Präsentation farblich behandelter Sexualorgane bei Christopher-Street-Day-Paraden, in der Forderung nach Freigabe von Pädophilie (Sex mit Kindern) und Sodomie (Sex mit Tieren), in der Anregung junger Menschen zur Infragestellung ihrer geschlechtlichen Identität und zur „Geschlechtsumwandlung" (Genitalverstümmelung) und in der Frühsexualisierung der Kinder bereits in Kita und Grundschule.

Seit den Studentenrevolten der 60er Jahre und der in diesem Zusammenhang propagierten sexuellen Freiheit erfolgte eine systematische Sexualisierung, sexuelle Enthemmung und moralische Enttabuisierung der zuvor von christlich-biblischen Werten geprägten westlichen Gesellschaften.

Die Vertreter der neuen Sexualideologie berufen sich natürlich stets auf (angeblich) „wissenschaftliche" empirische Ergebnisse der modernen „Sexualforschung".

Im Mai 2023 gaben die UN-Unterorganisationen WHO (Weltgesundheitsorganisation) und UNESCO (Organisation für Bildung und Kultur) einen Leitfaden zur frühkindlichen Sexualerziehung („Sexuality for Infants") heraus (158). Darin werden Eltern, Erzieher und Pädagogen aufgefordert mit Kindern *„von Geburt an"* über sexuelle Themen und verschiedene *„Geschlechtsidentitäten"* zu sprechen. Die WHO/UNESCO-Leitlinie regt an, bereits Kleinkinder unter vier Jahren über den Genuss und das Vergnügen bei der Berührung des eigenen Körpers und der Geschlechtsorgane und bei der Masturbation zu unterrichten. Diese Themen seien die *„Minimalstandards"* jeder Sexualerziehung. Die Leitlinien fordern *„Sexualität für Kinder"*, also das gewaltsame Niederreißen des natürlichen Schamgefühls von Kindern.

Diese in bereits viele Sprachen übersetzten Leitlinien zur sexuellen Früherziehung werden in Schulen, unter politischen Entscheidungsträgern und „Fachleuten" in Bildungs- und Gesundheitsbehörden verbreitet. Sie finden damit Eingang in die künftige Innen- und Bildungspolitik, in alle staatlichen und öffentlichen Kitas, Schulen und Universitäten. Die Teilnahme der Kinder an diesem ideologiegeschwängertem Sexualunterricht, verbunden mit Praxisübungen, wie dem Berühren der Genitalien anderer Kinder, wird dann obligatorisch sein. Das wird eine harte Herausforderung für alle Eltern, die ihre Kinder noch nach traditionellen moralischen Werten erziehen möchten.

Gemäß der UNO-Konvention zum „Schutz der Rechte des Kindes" dürfen Eltern auf die Entwicklung ihrer Kinder inhaltlich überhaupt keinen Einfluss mehr ausüben. Es ist Eltern grundsätzlich verboten, ihr Kind für Handlungen oder Worte zu bestrafen, die dem elterlichen religiösen Glauben oder den elterlichen moralischen Einstellungen widersprechen oder ihr eigenes Kind in irgendeiner Weise im Sinne ihrer eigenen religiösen und moralischen Einstellungen zu beeinflussen. Einfluss auf das Kind dürfen künftig nur Erzieher und Pädagogen ausüben, die im Sinne der Leitlinien der WHO an den Kindern arbeiten. Infolge der Umsetzung der WHO-Leitlinien zu Sexualerziehung von Kindern und Jugendlichen wird nun eine letzte moralisch total entartete und enthemmte Generation heranerzogen. Die Menschheit wird reif für das abschließende summarische Gericht der Großen Trübsal.

Angeblich geht es der WHO um „sexuelle und reproduktive Gesundheit" im Rahmen der globalen „One-Health-Strategie". Doch hinter diesem Programm verbirgt sich die Eugenik-Agenda der UNO: Lust und Ausleben von Gier bei Minimierung des Riskos von Schwangerschaften und Geburten (vorbeugende Bevölkerungsdepopulation), weil Kinder angeblich eine zu große $CO_2$-Belastung hinsichtlich Klimaschutz darstellen. Kinderkriegen gleich Klimasünde Nummer Eins (159).

Gehisste Regenbogenfahnen vor Behörden, Kirchen

und Schulen symbolisieren die volle Stützung und Förderung der moralischen Entartung und Entwürdigung der Menschen durch den Staat und inzwischen weite Teile der Gesellschaft. Diese Entwicklung führt unweigerlich hin zu den antiken und heidnischen Mysterienkulten mit deren hetero- und homosexueller kultischen Prostitution, mit deren rituellen die Opfer zu Tode quälenden Menschenopfern, zum Satanismus und zur Weihe der Massen an Satan / Luzifer. Die ganze Menschheit vom Bösen ihrer Freiheit und zugleich ihrer Würde beraubt.

Die moralische Entartung der Gesellschaft, vieler Menschen, ist auch eine Folge des Dahingegebenseins durch den Gott und Schöpfer, von dem sie sich bewusst abgewandt haben. Anstatt Gott die ihm gebührende Ehrerbietung und Dankbarkeit entgegenzubringen, vergöttern sie materielle Dinge, Natur und Biosphäre, den menschlichen Leib und ihre selbsterdachte angeblich wissenschaftlich begründete „Weisheit". Doch sie wurden zu Narren; und in ihrer moralischen Abartigkeit und widernatürlichen sexuellen Entartung entehren und entwürdigen sie sich selbst (160).

Die Entwürdigung des seiner Freiheit beraubten Menschen zeigt sich ebenfalls in seiner Degradierung zu einer angeblich durch Evolution, Selektion und Zufall entstandenen seelenlosen biochemischen „Maschine" und im Missbrauch seines Leibes als pharmazeutisches Gewinn generierendes Verwertungsobjekt, ohne jede Rücksicht auf mögliche Folgen für Leib und Leben der Missbrauchten, die teilweise zu Krüppeln gespritzt und einem schleichenden Sterben ausgeliefert wurden und werden.

Die Entwürdigung des seiner Freiheit beraubten Menschen zeigt sich weiterhin in der angestrebten künftigen Euthanasie-Entsorgung der wirtschaftlich nicht mehr nutzbar seienden und in der Pflege zu kostspielig gewordenen Alten auf Rezept, in der geplanten Käfighaltung der Massen in „Smart-Citys" und „Smart-Areas", in der Unterbindung der Versorgung mit gesunden natürlichen Nahrungsmitteln und in der Nötigung zum Insektenfressen, in der künftigen Verheizung als Soldaten, Soldatinnen und Gender-Kämpfer*innen in sich ausweitenden Kriegen in Osteuropa und in der ohnehin baldigen Aberkennung seiner Würde durch die WHO (s. im Abschnitt „WHO – Globale Gesundheitstyrannei"). So entartet der seiner Freiheit und Würde beraubte Mensch zu einem triebbetonten aufrecht gehenden Tier, einem nackten Affen. Der Weg zurück zu Freiheit und Würde und zur ursprünglichen Schöpfungsberufung ist nur möglich durch die Rückkehr und Umkehr zu Gott, dem Schöpfer, der da spricht: *„So unterwerft euch nun Gott! [...] Fühlt euer Elend, trauert und heult! [...] Demütigt euch vor dem Herrn, so wird er euch erhöhen."* (161)

# Die religiösen Aspekte und Ziele der Agenda der Neuen Weltordnung

Einer der religiösen Aspekte im Zusammenhang der Aufrichtung der Neuen Weltordnung wurde bereits im Abschnitt „Künstliche Intelligenz KI – Die neue digitale Gottheit" angeschnitten: Gemäß der Philosophie des jüdisch-israelischen Propheten des neuen digitalen Zeitalters, Yuval Noah Harari, dargelegt in seinem Buch „Homo Deus" entwickle sich gegenwärtig eine neue *„Religion der Daten", des „Dataismus"*, des Glaubens an die Daten. Im Laufe der Geschichte habe sich die Vorstellung der Menschen hinsichtlich der höchsten Macht verändert, womit er zunächst durchaus richtig liegt. In antiken Zeiten hätten die Menschen Gott oder Götter als höchste Autoritäten betrachtet, die willkürlich über das Leben und die Menschen verfügten. Ab dem Aufkommen des Humanismus habe der Mensch begonnen Gott zu verwerfen und an sich selbst zu glauben. Nun stünden wir, so Harari, an der Schnittstelle zwischen Humanismus, Aufklärung, Moderne und einem neuen Zeitalter (New Age) des Glaubens an die Macht der Daten. Die über jeden Menschen gesammelten und per KI (seelenlose von Menschen (!) programmierte Algorithmen) ausgewerteten und verwalteten Daten wüssten besser über uns Bescheid als wir selbst. Damit verschöbe sich die Wahrnehmung von der höchsten Autorität weg von Gott hin zu den Daten. So wie die Menschen früher an Gott glaubten, würden sie künftig an die Daten glauben – und ihr Schicksal in deren Hände legen (162). So passt es voll ins Bild, wenn Harari forderte religiöse Schriften mithilfe von KI umschreiben zu lassen, um eine neue *„globalisierte Bibel"* zu erschaffen.

Ein weiterer wesentlicher religiöser Aspekt der NWO-Agenda ist die sich hinter dem angeblichen Klimaschutz verbergende Naturmystik. Die Verachtung und Verwerfung der Schöpfergottheit, bei gleichzeitiger Erhebung und Verabsolutierung „grüner" Ideologie und der Vergottung von Natur und „Mutter Erde" (Gaja), führen automatisch zur Naturmystik, zu einer neuen Öko-Religion. Der Weg von Naturspiritualität zum Pantheismus, zum Spiritismus, zum Okkulten, zum Satanismus ist dann nicht mehr weit.

Diese pseudoreligiösen Philosophien zielen zunächst darauf ab alle traditionellen Gottesvorstellungen und Religionen zu zerstören, um diese dann durch eine globale Einheitsreligion zu ersetzen: Satanismus, die göttliche Verehrung Luzifers, des Antichristus und des diesen hervorbringenden Machtsystems (das Tier oder die Bestie).

Der aus einer Adelsfamilie stammende Russe Michail Alexandrowitsch Bakunin (1814-1876) gilt als einer der einflussreichsten Vordenker aller modernen anarchistisch-revolutionären Bewegungen, aller terroristischen Organisationen und zerstörerischen und kriegerischen Umwälzungen.

An ihm wird schon eher deutlich, worum es in Wirklichkeit auch bei dem gegenwärtigen zerstörerischen Prozess mit dessen pseudoreligiösen Komponenten geht:

Bakunin vertrat die Theorie des *„Kollektiven Anarchismus"*, welcher die Zerschlagung aller bestehenden staatlichen Strukturen und die Abschaffung des Privateigentums, also die Sozialisierung der Gesellschaft zum Inhalt hat. Nach seiner Ideologie *„besteht die Freiheit des Menschen einzig darin, dass er den Naturgesetzen gehorcht, weil er sie selbst als solche erkannt hat und nicht, weil sie ihm von außen her von irgendeinem fremden Willen, sei er göttlich oder menschlich, kollektiv oder individuell, auferlegt sind."* Konsequent leugnete Bakunin jede fest bestehende Autorität: *„Wenn Gott existiert, ist der Mensch ein Sklave; der Mensch aber soll frei sein: Folglich existiert Gott nicht".* (163)

Der Vater aller modernen Revolutionäre forderte von seinen geistigen Söhnen *„destruktive Leidenschaft [...] ohne sie ist eine Revolution undenkbar, unmöglich, denn es kann keine Revolution geben ohne weitreichende, leidenschaftliche Zerstörung, ohne rettende und fruchtbringende Zerstörung, weil nämlich aus ihr und nur durch sie neue Welten entstehen."* (164) Das ist eine Form einer religiösen Heilslehre.

Für Bakunin waren Revolution und Terror keineswegs bloß eine rein gesellschaftliche oder politische Angelegenheit, sondern ihrem inneren Wesen nach eine global-kosmische, hochreligiöse, gnostisch-theologische. Bakunin verstand Satan (Luzifer, Lichtbringer, Illuminator) als das spirituelle Oberhaupt aller Revolutionäre, als den wahren

Urheber der menschlichen Befreiung, als obersten Freiheitskämpfer gegen den tyrannischen Gott der Juden und Christen (165).

Bei allen gegenwärtig laufenden, gezielt angestoßenen und gesteuerten globalen Erschütterungen und Krisen geht es um die Durchsetzung einer sakral-politischen satanischen Weltherrschaft! Ein luziferisch-religiöses Programm aus Satan, durch Satan und für Satan. Während normale irdische Regierungen Politik auf nationaler und internationaler irdisch-sichtbarer Ebene betreiben, verfolgen hintergründig arbeitende okkulte Machteliten über das irdisch sichtbare politische Geschehen weit hinausgehende globale, sakrale, spirituelle, religiöse Ziele mit den Völkern und der gesamten Welt, also sakral-politische, im luziferischen Sinne heilige, „Gott" Luzifer geweihte Ziele. Dies gilt für alle okkulten Geheimgesellschaften Logen, Orden und Machteliten. Die Völker selbst werden nicht nach ihrer Zustimmung gefragt, da man ja ein angeblich höheres und heiliges Ziel mit der blinden Masse der Menschheit verfolgt.

Den hintergründig wirkenden okkulten Machteliten der Rosenkreuzer, Freimauer und Illuminaten geht es um eine *„Allgemein und General Reformation der ganzen weiten Welt"*, also um eine umfassende, die gesamte Menschheit und Erde einschließende sakral-politische, also politische und spirituell-religiöse Umgestaltung und Erneuerung der gesamten Welt und Völkergemeinschaft (166).

Gemäß der Philosophie des einflussreichen Freimaurerphilosophen Krause (1781-1832), in der die grundlegenden

Bestrebungen der Rosenkreuzer, Freimaurer und Illuminaten treffend zum Ausdruck kommen, geht es allen okkulten Machteliten um das Ziel der künftigen Verwirklichung eines universellen Menschheitsbundes, einer *„Allmenschheit"* in einem kosmisch-metaphysischem Sinne. Die Menschheit sei ein Organismus, der sich allmählich zu einem globalen Lebensbund organisieren und entwickeln müsse, durch Selbstveredlung mittels Spiritualität. Das höchste Ziel sei eine allumfassende harmonische Synthese aller Entitäten auf gesellschaftlichem, religiösem, politischem, kulturellem, wirtschaftlichem und finanziellem Gebiet. Die Bruderschaft der Logen und Orden, mit ihrer Initiation und evolutionären spirituellen Selbst- und Höherentwicklung, versteht sich als Vorbild, als Prototyp dieses künftig alle Völker und Menschen einschließenden sakral-politischen Menschheitsbundes, einer kosmisch-politischen Allmenschheit. So arbeiten die okkulten globalen Machteliten systematisch und zielgerichtet an der vorherigen Abwicklung aller traditionellen Werte und Religionen und zugleich an der Entwicklung einer neuen globalen Einheitsreligion, in der alle Menschen übereinstimmen (Naturmystik, Antichristentum und Satanismus) (167).

Symbol und Leitbild für die Logen mit ihrer freimaurerischen „Logen-Arbeit" zwecks Errichtung eines universellen Menschheitsbundes einer Allmenschheit ist der alttestamentliche jüdische Salomonische Tempel mit seinen Bauelementen. Die Völkerwelt insgesamt soll zu einem künftigen Menschheitstempel, zu einem neuen *„Haus Salomonis"* werden, zur Ehre und als Wohnung für den *„Allmächtigen Baumeister aller Welten"* (Satan, Luzifer), durch eine künftige planetarische Massenweihe an Luzifer (168).

Freimaurer verstehen sich selbst als raue unbehauene Steine, die mittels Spiritualität in der Logenarbeit bearbeitet, veredelt, „behauen" und in den geistig-spirituellen Tempel eingefügt werden. Sie verstehen ihre Bruderschaft als Vorläufer und Vorbild des angestrebten künftigen Menschheitsbundes und spirituellen Menschheitstempels, der die gesamte Menschheit umfassen soll. All ihr Handeln und Wirken sind auf dieses eine Ziel hin ausgerichtet.

Und wenn die Menschheit insgesamt ein spirituelles „Haus Salomonis" werden soll, wird natürlich dann auch ein neues reales *Haus Salomonis* zu Jerusalem gebaut, ein neuer Tempel, ein Weltheiligtum in dem der Antichristus und Luzifer, Satan als Gott dieser Welt von allen Völkern angebetet werden. Und um dieses angeblich höhere, religiöse, heilige und „göttliche" sakral-politische Ziel zu erreichen, ist jedes Mittel recht. Die Programmetappen und Vorgehensweisen zur Erreichung dieses spirituellen, sakral-politischen Zieles wurden in den schon zuvor erwähnten Illuminaten-Protokollen klar dargelegt, aus denen an dieser Stelle erneut zitiert werden soll:

*„Unsere Schlagworte Freiheit, Gleichheit und Brüderlichkeit […] überall den Frieden, die Ruhe und die Einigkeit zerstörten und die Grundlagen der Staaten unterwühlten. Wir werden später sehen, dass dies zu unserem Triumph führt."* (169)

„Wir überall den Frieden, die Ruhe und die Einigkeit zerstörten und die Grundlagen ihrer Staaten unterwühlten. [...] Durch Not, Neid und Hass werden wir die Massen lenken und uns ihrer Hände bedienen, um alles zu zermalmen, was sich unseren Plänen entgegenstellt [...] bald die Zeit der Krönung unseres Weltherrschers gekommen sein wird." (170).

„Aus diesem Grunde müssen wir unbedingt den Glauben zerstören, die grundlegenden Anschauungen von Gott und dem heiligen Geist (Trinität) aus der Seele der Christen herausreißen und den Glauben durch materialistische Anschauungen und Bedürfnisse ersetzen." (171)

„Mit all diesen Mitteln werden wir die Nichtjuden derart ermüden, dass sie sich schließlich gezwungen fühlen, uns um eine internationale Regierung zu bitten, die eine oberste Regierung bildet. An die Stelle der gegenwärtigen Regierungen werden wir ein Ungeheuer setzen, das sich die Verwaltung der obersten Regierung nennen wird. Ihre Hände werden sich nach allen Seiten hin wie Zangen ausstrecken und sie wird eine so gewaltige Einrichtung sein, dass sich ihr alle Völker unterwerfen müssen." (172)

„Wir werden ihnen den Frieden solange nicht schenken, bis sie unsere Oberherrschaft offen und ergeben anerkannt haben werden." (173)

„Wir planen alle Völker zur Errichtung des neuen grundlegenden Baues (Haus Salomonis, Tempel der Allmenschheit), dessen Plan wir entworfen haben, heranzuziehen. [...] Wenn wir unsere Staatsumwälzungen vollzogen haben, dann werden wir den Völkern sagen: ‚Alles ist bisher schlecht ge-

*gangen, alle haben gelitten. Wir aber beseitigen jetzt die Ursachen Eurer Qualen, die Nationalitäten, die Grenzen, die Verschiedenartigkeit der Währungen'* [...] *Dann werden sie uns zujubeln und uns in heller Begeisterung im Triumph auf ihren Achseln tragen."*

„*Wenn die Völker, ermüdet durch Unruhen und das gänzliche Versagen der Staatslenker (nationale Regierungen) - deren Versagen durch uns herbeigeführt wurde - ausrufen werden:* ,*Setzt sie ab, gebet uns einen Weltherrscher, der imstande ist, uns alle zu vereinigen und die Ursache unserer Feindschaft, Staatsgrenzen, Religionen und Staatsschulden, zu beseitigen, einen König, der uns Frieden und Ruhe schenkt, die wir unter unseren bisherigen Herrschern und Regierungen nicht finden können,"* (174) dann werden die okkulten Machteliten im Dienst Satans mit der geplanten sakral-politischen, luziferischen Neuen Weltordnung zum Ziel kommen:

„*Sobald wir die Weltherrschaft erlangt haben, werden wir keinen anderen Glauben dulden, als den an unseren einen Gott* (Luzifer, Satan), *mit dem unser Schicksal verbunden ist, weil wir das auserwählte Volk sind und weil durch unseren Gott unser Schicksal mit dem der ganzen Welt zusammenhängt. Aus diesem Grunde müssen wir alle anderen Religionen vernichten* [...] *Wenn der König Israels sich auf sein geheiligtes Haupt die Krone setzt, die ihm ganz Europa anbieten wird, wird er der Patriarch der Welt sein."* (175)

„*Uns nur noch wenige Jahre von dem Zeitpunkte trennen, wo die christliche Religion vollkommen zusammenbrechen wird. Mit den anderen Religionen werden wir noch leichter zum selben Ziele gelangen, [...] Wenn der Augenblick gekommen ist, (werden wir) das Papsttum endgültig zerstören, [...] Der König Israels wird der wahre Papst der Welt, der Patriarch der (neuen) internationalen Kirche sein [...] Unsere Herrschaft wird die Gebieterin über jede Ordnung sein, die das ganze Glück der Menschen ausmacht. Das hohe Ansehen dieser Herrschaft wird ihr beim Volke mystische Anbetung und Verehrung sichern."* (176)

*"Unser Herrscher muss [...] die heutige Gesellschaft, sei es auch durch Ertränken im eigenen Blut, beseitigen, um sie dann in Gestalt einer organisierten Armee wiedererstehen zu lassen [...] Unser Herrscher wird von Gott auserwählt sein [...] (er) zerstört jede Gesellschaftsordnung, um nun auf ihren Trümmern den Thron des Königs der Juden zu errichten [...] Dann werden wir den Völkern sagen können: Danket Gott* (Luzifer, Satan) *und beuget euch vor dem, der auf seiner Stirn das Zeichen der Vorsehung (666) trägt und dessen Stern Gott selbst lenkt, damit niemand außer ihm die Menschheit von allen Übeln erlöse".* (177)

*"Unsere Weisen* (Illuminaten) *werden die Zügel der Regierung nur denjenigen anvertrauen, welche die Fähigkeit besitzen, mit unbedingter Festigkeit, ja nötigenfalls selbst mit Grausamkeit zu herrschen [...] in der Person des Königs, der mit unbeugsamen Willen Herr seiner selbst und der Menschheit sein wird, [...] Der König der Juden! [...] Der Weltherrscher aus dem heiligen Samen Davids, die Säule der Menschheit!"* (178)

Der schwerwiegendste religiöse Aspekt des Programms

zwecks Neuerschaffung der Menschheit und der Welt ist der Plan zur Durchführung einer künftigen „planetarischen Massenweihe" an Luzifer, Satan, mit dem Ziel auch der spirituellen Veredelung und Vervollkommnung der gesamten Menschheit.

Der prominente New-Age-Führer David Spangler, Direktor der „Findhorn Foundation", Vorstandmitglied von „Planetary Citizens", Herausgeber des „New Age Magazine", schrieb bereits 1978 in seinem Buch „Reflections on the Christ":

*„Das wahre Licht Luzifers [...] das wahre Licht dieses großen Wesens kann man nur erkennen, wenn die eigenen Augen mit dem Licht des Christus* (New Age Maitraya-Christus, Antichristus) *sehen, dem Licht der inneren* (evt. 5G und Nanopartikel bewirkten) *Sonne. Luzifer wirkt in jedem von uns, um uns in einen Zustand der Vollkommenheit hineinzuführen. Wenn wir in ein neues Zeitalter eingehen, das Zeitalter der Vollkommenheit des Menschen, wird jeder von uns auf irgendeine Weise an den Punkt gelangen, den ich als luziferische Initiation bezeichne. Das ist das besondere Eingangstor, welches das Individuum durchschreiten muss, um völlig in die Gegenwart seines Lichtes und seiner Vollkommenheit zu gelangen."*

*„Luzifer kommt, um uns die endgültige Gabe der Vollkommenheit zu bringen. Wenn wir sie annehmen ist er frei, und wir sind frei. Das ist luziferische Initiation. Viele Menschen erleben das jetzt und viele werden es in den vor uns liegenden Tagen erleben, denn es ist eine Initiation in ein neues*

*Zeitalter. Diese Initiation bedeutet das Alte hinter sich zu lassen und einzugehen in das Neue, Schuld und Furcht, unsere Sorgen, Bedürfnisse und Versuchungen abzulegen, Vollkommenheit zu erreichen und mit Frieden erfüllt zu werden, denn wir haben unser inneres Licht erkannt und das Licht das uns einhüllt, das Licht Gottes* (Luzifer, Satan)." (179)

In allen Geheimgesellschaften, wie Freimaurerlogen und Illuminaten (Erleuchtete), in allen okkulten Orden und Gesellschaften finden wir diese Lehren über die Notwendigkeit einer spirituellen Initiation. Eine persönliche Initiation ist unerlässlich zum Eintritt in die Bruderschaft der Geheimgesellschaften. So ist es logisch, dass die gesamte Menschheit einer gemeinschaftlichen Initiation an Luzifer, Satan, zugeführt werden soll.

Nach Plänen der Vordenker der New-Age-Bewegung sollen künftig – wohl nach der Entrückung der wahren Gemeinde – *„neubelebte christliche Kirchen"* diese Masseninitiation in Zusammenarbeit mit Logen und esoterischen Orden in der ganzen Welt durchführen.

Der künftige satanisch inspirierte Weltenherrscher, der Antichristus, wird sozusagen der Prototyp des angestrebten „Homo Deus" sein. Er wird sich in den Tempel Gottes zu Jerusalem setzen, sich selbst im Sinne des Transhumanismus zu Gott erklären und von allen Menschen göttliche Verehrung seiner Person und seines satanischen Vaters fordern. Sein Auftreten wird verbunden sein mit übernatürlichen eventuell auch auf Nanotechnik basierenden Erscheinungen, Wirkkräften, Zeichen und Wundern (180). Er wird für

3 ½ Jahre eine satanische Schreckensherrschaft aufrichten, verbunden mit einer totalen Entfesslung des Bösen. Die gesamte Menschheit wird ihm und Satan huldigen. Sie werden sein Zeichen annehmen, die Symbolzahl 666, tätowiert oder digital gechipt und implantiert oder injiziert. Alle die sich seinem Anspruch verweigern werden rituell hingeschlachtet (181).

Damit kommt die Menschheit den von der Heiligen Schrift vorausgesagten Endzeitereignissen schon sehr, sehr nahe! Das Endziel des Programms der globalen Freiheitsberaubung und Versklavung der gesamten Menschheit ist die totale satanische sakral-politische Diktatur.

# Wer sind die, welche uns unsere Freiheit rauben wollen?

Magie, Okkultismus und Esoterik sind so alt wie die Menschheit selbst. In allen Völkern und Kulturen der Welt fanden und finden sich spirituelle Traditionen und Mysterienkulte. Auch in der europäischen Geschichte sind gnostisch-okkulte Traditionen und Geheimbünde nachweisbar und hinreichend belegt.

Alle gegenwärtigen okkulten und freimaurerischen Orden und Bewegungen erwuchsen aus diesen jahrhundertalten untergründigen heidnisch-magischen, kabbalistischen und esoterischen Traditionen samt deren Geheimlehren. Da der gesamte Themenkomplex äußerst umfangreich ist, müssen wir uns an dieser Stelle auf das Wesentliche konzentrieren. Die Spuren des Subhumanen lassen sich nachverfolgen von der frühchristlich-kabbalistischen Gnosis, über die Bewegungen der Katharer, der Templer, Rosenkreuzer, Freimaurer und Illuminaten bis in die angelsächsische Finanzoligarchie mit deren Aktivitäten zwecks Aufbaus supranationaler Strukturen und einer letztendlichen globalen Governance, eines globalen die gesamte Menschheit und die ganze Erde umfassenden Steuerungssystems. Und, das wurde bereits betont, dieses

Programm ist kein rein politisches, sondern zugleich ein hochreligiöses, ein sich gegen den wahren Gott und dessen Gesalbten richtendes antichristliches Programm.

Seit dem ersten Kommen des Messias (Christus) schwelt im Untergrund der Historie etwas unvorstellbar Böses, das sich am Ende der jetzigen Heilszeitphase einmal voll entfalten darf, um damit zugleich auszureifen zum Gericht und zur endgültigen Vernichtung. Hier ein kurzer historischer Überblick über diese antichristlichen Strukturen und Strömungen speziell in der europäischen Geschichte.

**Die antichristliche Gnosis:**
Vor rund 2030 Jahren sandte Gott seinen Sohn Jesus den Gesalbten (hebräisch: Jeshua HaMeschiach) in die Welt. Der jüdische Messias wirkte unter seinem Volk Israel und erwirkte in seinem stellvertretenden Sühnopfer für die Sünden der Welt die Grundlagen des Heils für alle Völker.

Dann ist er von den Toten auferstanden und zu seinem Vater in das Reich der Himmel zurückgekehrt. Von dort aus wird er wiederkommen, um die Welt zu richten, seine Feinde und die Macht des Bösen zu vernichten und seine Friedensherrschaft über alle Völker aufzurichten.

Die zwölf jüdischen Apostel überlieferten als Zeitzeugen alle relevanten Wahrheiten über das Leben, die Reden und Lehren, das Heilshandeln und die Auferstehung des jüdischen Messias. Die Apostel bezeugten die Gottessohnschaft Jesu und sie betonten, dass ihre Überlieferung über Jesus den Christus (festgehalten in den Evangelien) die alleinige Wahrheit über Jesus ist (182).

Doch von Anfang an gab es gegen Jesus und die Christusüberlieferung der Zeitzeugen der zwölf Apostel innerhalb des Judentums hasserfüllten Widerstand, in der Ablehnung Jesu als Messias. Dieser antimessianische aus höllischer Eifersucht gespeiste Widerstand ist die Wurzel des Antichristentums, welches aus dem kabbalistischen Judentum heraus erwuchs, in den vorgenannten geheimen okkulten Bewegungen und Traditionen gepflegt wurde und welches am Ende der Zeit wieder zum Judentum zurückführen wird. Die bewusst dem Bösen, Satan dienenden Orden, Traditionen und Machtzirkel wollen, als Kopie des kommenden Gottesreiches mit Jerusalem als geistlichem Zentrum, ein Reich des Bösen mit Satan und dem Sohn Satans, dem Antichristus, zu Jerusalem aufrichten. Sie werden einen Anti-Messias aus den eigenen Reihen zum Herrscher der Welt erheben.

Nach Paulus, Apostel Jesu Christi für die Nationen, ist das *„Geheimnis der Gottlosigkeit"* seit der Zeit Jesu unterschwellig wirkend, doch es kann sich erst voll entfalten, wenn jemand zur Seite tritt, den Weg und die Mitte freigibt (183). Der Mittelpunkt der Welt ist Jerusalem, konkret der Tempelberg, der höchste Hügel der nach Norden hin ansteigenden Hügelkette von Morija.

Alle gnostischen antichristlichen Traditionen leugnen vehement die Trinität, die Gottheit und die einzigartige Heilsbedeutung das wahren Messias, Jesus. Gnostiker streben nach angeblich höherer, über die Schriftüberlieferung der Apostel und der Kirche hinausgehender Weisheit und Erkenntnis, gemäß derer Jesus nur ein Mensch gewesen sei, der bei seiner Taufe seine „Initiation" erlebt habe, der nicht am Kreuz gestorben sei und aus dessen angeblichem Liebesverhältnis mit Maria Magdalena eine genealogische Abstammungslinie (Heiliger Gral, königliche Blutslinie) bis in die Gegenwart existiere, aus welcher eben der künftige gnostische Messias, (der Antichristus) hervorkommen würde (184).

Die Apostel sagten das Aufkommen vieler antichristlicher Geistesbewegungen während der Zeit der Gemeinde und das konkrete Auftreten der Person des Antichristus am Ende dieser Zeit voraus (185). Alle antimessianischen Bewegungen der Geschichte knüpfen an am Kult des Alten Bundes Israels, am Antimessianismus des Judentums und der okkulten jüdischen Kabbala, dazu an heidnisch-magischen Traditionen, bei gleichzeitiger Übernahme einiger christlicher Elemente. Sie stützen sich auf angeblich höhere übersinnliche Erkenntnis, auf von Dämonen eingegebene Lügen.

**Die Templer, Ritterschaft Jesu Christi (des gnostischen Jesus) und des Salomonischen Tempels zu Jerusalem:**

Die Bewegung der Templer entstand im Mittelalter in Europa im Zusammenhang der Kreuzzüge ins Heilige Land ab 1095 n. Chr. Im Jahre 1099 kam es zur Eroberung von Jerusalem und zur Gründung des „Königreichs Jerusalem" Balduin I aus dem Geschlecht der Merowinger, die sich von Jesus / Maria-Magdalena ableiteten, wurde der erste „König von Jerusalem". Im Jahr 1100 n. Chr. gründeten acht französische arme Ritter eine Abtei auf dem Tempelberg. Sie führten umfangreiche archäologische Erkundigungen in den Gewölben unter dem Plateau durch. Angeblich fanden sie wichtige Ritualgegenstände aus der Zeit des Königtums Juda. 1129 erfolgte die offizielle Gründung des Ordens der Templer, der sich bald zur ersten supranationalen politischen, militärischen und finanziellen Großmacht entwickelte, die nahezu ganz Europa mittels Kreditvergabe finanzierte und kontrollierte. Der „Tempel" von Paris war das europäische Finanzzentrum. Infolge der verlorenen „Schlacht von Hittim" am Ostrand der Ebene Jesreel 1187 kam es zum Verlust Jerusalems und zum vorläufigen Ende des schon damals geträumten sakral-politischen Traums der Wiederherstellung des Königtums David / Salomo. Nach der Zerschlagung und offiziellen Auflösung des Ordens durch die französische Krone in Zusammenarbeit mit der Papstkirche ab 1307 flohen viele Templer nach Nordeuropa, Skandinavien und England, wo die okkulten Traditionen im Rahmen anderer Orden und in der beginnenden Bewegung der Rosenkreuzer und der Freimaurerei im Verborgenen weitergeführt wurden.

Der Kult im engeren Machtzirkel der „Eingeweihten" drehte sich um die Verehrung des Behemot (Ziegenbock, Satan) als Gott. Die Templer praktizierten Sexualmagie und das „Entweihen" des Kruzifixes durch Fußtritte und durch Urinieren und Bespucken, um damit ihre Verachtung gegenüber Jesus auszudrücken. (186)

Der Souveräne Malteserorden, mit Sitz auf der exterritorialen Insel Malta, versteht sich als Nachfolgeorganisation der Templer.

## Die Rosenkreuzer: Antichristliche Rebellion unter dem Zeichen von Kreuz und Rose:

Diese nur schwer zu überblickende antichristliche, gnostisch-okkulte Bewegung ist ab etwa hundert Jahre vor der Reformation (1517) nachweisbar. Heute existieren über 200 Bewegungen, welche die Bezeichnung Rosenkreuzer benutzen, mit weltweit tausenden Mitgliedern aus Führungskreisen. Die Rosenkreuzer betonen die Fortführung uralter Mysterienkulte innerhalb ihrer Orden.

Die Forderungen und Ziele der Rosenkreuzer sind: Umfassende Erneuerung der ganzen Welt. Universale Reformation von Gesellschaft, Kirchen und nationalen. Monarchien und Nationalstaaten. Evolutionäre Veredlung der Menschheit durch Spiritualität. Mündigkeit und Freiheit aller Menschen gegenüber religiöser Bevormundung. Pflege antiker Mysterienkulte mit dem Ziel einer Initiation. Vereinigung von Christentum und Islam zu einem universalen Menschheitsbund. Entwicklung einer neuen Menschheit zu einem *„Haus Salomonis"* für den *„Großen Baumeister aller Welten",* Satan, Luzifer (187).

Das Kreuz in der Symbolik der Rosenkreuzer soll ein Bild sein für den aufrechtstehenden, sich nicht vor Gott, Kirche und religiösen Dogmen beugenden Menschen. Die Rose symbolisiert die Seelenessenz, die es durch spirituelle Exerzitien und übersinnliche Erfahrungen zu veredeln gilt.

Die Bewegung der Rosenkreuzer spielte vor, während und nach der Zeit der Reformation zweifellos eine wesentliche unterschwellige Rolle. Infolge der durch die Papstkirche initiierten Gegenreformation flohen viele Rosenkreuzer auch nach England und Skandinavien.

**Freimaurer und Illuminaten (Erleuchtete):**
Die Freimaurerei ging völlig nahtlos aus der Bewegung der Templer und Rosenkreuzer hervor. Wenn frühere Organisationshüllen zerschlagen wurden oder wenn es intern ratsam erschien, wurden diese immer durch neue ersetzt. Ständige Neugründungen und Teilungen dienen zudem der Taktik der Verschleierung gegenüber staatlichen Institutionen und der Öffentlichkeit. Orden, geheime Zirkel, Geheimgesellschaften, Logen erschienen in der Geschichte unter vielfältigen Hüllen, aber die darin von Generation zu Generation weitervermittelten okkulten Traditionen blieben stets dieselben.

Vor dem offiziellen Beginn der Freimaurerei Anfang des 18. Jahrhunderts gab es in Ländern wie Frankreich, England und Schweden wesentlich unorganisierte Logen. Im Jahre 1717 schlossen sich in England vier Logen zur *„Großloge von London"* zusammen. 1813 wurde in England durch den Zusammenschluss weiterer bestehender Logen die *„United Grand Lodge of England"* (Vereinigte Großloge von England) gegründet. Bereits 1773 entstand im *„Grand Orient de France"* (Großorient von Frankreich) ein Dachverband auf dem europäischen Festland. Ausgehend von diesen ursprünglichen Dachverbänden organisiert sich die Freimaurerei heute weltweit in Logen mit mehreren Millionen Mitgliedern, die aus allen sozialen Schichten, Bildungsgraden und religiösen Anschauungen kommen.

Auch die Freimaurer bekennen sich zum gnostischen Gottesbild, einem kosmischen Prinzip, welches sie *„Great Architect of Universe"* nennen. Die freimaurerischen Werte und Ideale wurzeln ebenfalls in den Traditionen der Templer und Rosenkreuzer, der vorchristlich-heidnischen Antike, der jüdischen Kabbala, in Humanismus, Renaissance und Aufklärung.

Nach außen hin treten Freimaurer durch karikative Arbeit und Förderung von Brüderlichkeit, Humanität, Bildung und Aufklärung hervor. Hinter der Fassade der örtlichen Tempel aber, noch weniger in unteren aber umso mehr in höheren Einweihungsgraden, geht es um das, was als *„Königliche Kunst"* bezeichnet wird, um eine spirituelle, humane, also eine vom christlichen Gott losgelöste Selbstvervollkommnung durch Rituale und Zeremonien, wie diese aus Gnostik und Okkultismus bekannt sind. Schon allein die Begriffe Freimaurer und Tempel verdeutlichen das verfolgte sakral-politische, eben königliche Programm. Freimauer bauen frei von jeglicher irdischer oder religiöser Bevormundung an dem spirituellen, politisch-religiösen Gebäude für den gnostischen *„Gott unendlicher Majestät".* Symbolhaft zeigt sich dies in der Übergabe von Schurz und dreieckiger Maurer-Kelle bei der Aufnahme in die Loge.

Die rituellen Versammlungen der Maurer vollziehen sich im Tempel in der Tempelarbeit oder Logenarbeit. In der Praxis sind dies spirituelle Exerzitien, welche zu übersinnlichen Erfahrungen führen, durch welche der Suchende seine Initiation erfährt und folgend stufenweise in immer höhere okkulte Einweihungs- und Erkenntnisgrade (Stufen dämonischer Besessenheit) eingeweiht wird. Erst ab dem 30. Grad werden die vollen, wahren, letzten luziferischen Planungsziele offenbar.

In den höchsten Einweihungsgraden (30-33) wird offener Satanismus, verbunden mit rituellen Vergewaltigungen (von Kindern) bis zum Tode, mit Menschenopfern und dem Trinken des Blutes der Opfer praktiziert. Alle 28 Jahre findet das sogenannte „Feast of the Beast" statt, eine Hochgradzeremonie, zu welcher alle illuminierten Leiter der ganzen Welt anreisen. Dieses für Satan und die Hochgradmaurer und Illuminaten sehr wichtige Ritual, bei welchem Satan als Opfer eine schöne Jungfrau dargebracht wird, findet meist in einem Palast oder Schloss in Europa statt. Einige Frauen der Illuminaten sind sehr wichtig bei der Planung und Gestaltung derartiger Rituale. Zeugen sagten aus, dass bei diesen Zeremonien Satan erscheint und seiner ihm bewusst dienenden irdischen Spitzenhierarchie Instruktionen hinsichtlich seiner Pläne für die nächsten 28 Jahre erteilt, dass auch die Rothschilds, als Hüter der Linie des heiligen Blutes (Heiliger Gral oder Sang Real, königliches Blut) bei diesen Zeremonien zugegen gewesen seien (188).

Die Illuminaten, die Erleuchteten der höchsten Grade der vollen luziferischen Initiation, bilden die Creme unter den Freimaurern. Der Orden der Illuminaten wurde am 1.

Mai 1776 von dem Professor für Philosophie und Kirchenrecht, Adam Weishaupt, in Ingolstadt gegründet. Es war das gleiche Jahr, in dem die dreizehn englischen Kolonien die Vereinigten Staaten von Amerika ausriefen. Als Symbol der Geheimgesellschaft wählte Weishaupt, der sich den maurerischen Namen „Spartakus" beigelegt hatte, die *„Eule der Minerva",* der römischen Göttin der Weisheit, der Hüterin des geheimen Wissens, der taktischen Kriegsführung, des Sieges und der Staatslenkung

Der Illuminaten kontrollieren und steuern die Freimaurerlogen und deren Aktivitäten in der ganzen Welt, Mitglieder sind nur Eingeweihte der höchsten Grade der Logen-Tempel, wenige hundert der mächtigsten Männer der Welt, mit engsten Verflechtungen zu den europäischen Fürstenhäusern, den Bankerdynastien Rothschild, Rockefeller & CO, den Führungseliten in Wirtschaft, Politik, Geheimdiensten und Militär (189).

Der bedeutende deutsche Staatsmann Walther Rathenau äußerte in einem Interview: *„300 Männer, die sich untereinander kennen und die selbst ihre Nachfolger ernennen sind es, die die Geschicke der Welt leiten. Der Grund ihrer Macht liegt in ihrer absoluten Geheimhaltung."* (190)

Besonders die während der Ausreifung des ersten wirklichen globalen Imperiums, des British Empire erwachsene englische Freimaurerei wurde die direkte Grundlage für die Entstehung der angelsächsischen, freimaurerischen, satanisch inspirierten Finanzoligarchie, welche sich ab dem 18. Jahrhundert zur wahren hintergründigen globalen (Geld)

Macht entwickelte. Oligarchie ist eine Staatsform, ein Staat, oder ein Staat im Staate (Deep State), in der eine kleine Gruppe hinter den Kulissen die wirkliche politische Herrschaft ausübt.

Die Öffentlichkeit ist unwissend über diese hintergründig wirkenden mächtigen Akteure der Weltpolitik. Das ganze Weltgeschehen der letzten 120 Jahre, mit allen Kriegen und Katastrophen, lässt sich nur verstehen, wenn man die eminent wichtige hintergründige Rolle der angelsächsischen aristokratischen Finanzmacht begreift. Der Beginn deren ständig gewachsener Macht lässt sich auf die „Magna Charta" vom 15. Juni 1215 zurückführen, als die englischen Barone infolge einer politischen Schwächephase und eines verlorenen Krieges des englischen Königs gegen Frankreich politische und finanzielle Privilegien an sich rissen. Seit jener Zeit musste die englische Krone mit einer grenzenlos geldgierigen und machtlüsternen Kaste kooperieren, die Stärke, Finanzkraft und wirtschaftliche Ambitionen besaß und besitzt. Diese neue Finanzoligarchie finanzierte seitdem die englische Krone, deren Kriege, die englische Wirtschaft und das gesamte sich folgend entfaltende British Empire, als erste wirklich globale Weltmacht. Eine alles fordernde stolze Elite war entstanden, welche in gleicher Weise agierte und agiert wie die Templer im Mittelalter auf dem europäischen Festland und in „Heiligen Land".

Im Zuge der Ausweitung des British Empire über die ganze Welt erweiterten diese Finanzeliten ihren Einfluss, ihre Macht, ihr eigenes Finanz- und Wirtschaftsnetzwerk über die ganze Erde, eben durch Kreditvergabe und Schuldknechtschaft, wie schon zuvor behandelt. Diese inzwischen globale Finanzoligarchie untersteht keiner nationalen Regierung (ihre Mitglieder und sogar ihr Besitz stehen unter diplomatischer Immunität). Mithilfe der von ihnen gegründeten suprastaatlichen Organisationen (wie UNO, WHO, EU, WEF, Internationales Bankensystem) kontrollieren sie im Gegenteil inzwischen alle Nationalstaaten samt deren Völker und Wirtschaft, die sie fest im Griff haben.

Diese Finanzeliten übertrugen das zunächst im Rahmen des British Empire etablierte und bewährte System als Modell auf die ganze Welt, mittels der Abhaltung geheimer Konferenzen und des Aufbaus hermetisch abgeschlossener Planungszirkel und Thinktanks zwecks Harmonisierung aller auf die globale Macht zielenden Aktivitäten (z.B. Bilderberger Konferenzen, Concil on Foreign Relations CFR, Trilaterale Kommission, Fabian Gesellschaft, Round-Table-Gruppen, Paneuropäische Organisationen) in welche alle wichtigen Entscheidungsträger und Machtinhaber eingebunden wurden und werden, in denen über die Besetzung aller bedeutsamen Positionen auf nationaler und supranationaler Ebene entschieden wird. Die Zentren der Finanzmacht dieser Eliten sind die exterritoriale, nicht der englischen Regierung unterstehende „City of London" (Rothschild), die „Wall Street" (Rockefeller) und die BIZ (Bank für Internationalen Zahlungsausgleich in Basel, eingerichtet zwecks Verwaltung und Abwicklung der Schulden aller Regierungen).

Diese Finanzmachteliten sind eng verzahnt mit der aus der Bewegung der Rosenkreuzer hervorgegangenen Freimaurerei. Die *„United Grand Lodge of England"* ist die alle Logen der Welt steuernde *„Motherlodge"*.

Diese Finanzeliten zerstörten gezielt alle bestehenden nationalstaatlichen Ordnungen durch Kriege und Krisen aller Art. Sie etablierten erste suprastaatliche Institutionen (Völkerbund, UNO mit Unterorganisationen) und überstaatliche Machtblöcke (EU, Organisation für Afrikanische Einheit, Arabische Liga und andere), um diese am Ende in einer globalen Einheit unter einer globalen Kontrolle und Steuerung zusammenzuführen.

Diese hier kurz zusammengefassten Fakten werden unter Benennung wichtiger Schlüsselpersonen, Namen, Details und weiterer Organisationen ausführlich abgehandelt in dem gut recherchierten Artikel „Die Geschichte der Neuen Weltordnung" von Pierre Hillard (Doktor der politischen Wissenschaften, Professor für internationale Beziehungen, Spezialist für Globalismus) (191).

Diese aus den vorgenannten okkulten europäischen Traditionen hervorgewachsenen gegenwärtigen satanisch-freimaurerischen und illuminierten Machteliten, das sind die, welche uns unsere Freiheit rauben wollen, welche die gesamte Menschheit und die ganze Schöpfung zu eigenem gewinnbringendem Nutzen versklaven und umfassend wirtschaftlich verwerten und ausplündern wollen. Und diese, bewusst Satan dienenden Machteliten verfolgen damit zugleich das schon erwähnte sakral-politische Ziel: Die Aufrichtung einer globalen Welteinheitsreligion (Satanismus) mit Jerusalem als Zentrum und die Unterwerfung aller Völker unter ihren Gott: Satan!

Dieses sakral-politische Ziel der okkulten Machteliten wird besonders deutlich an der Bewegung des Zionismus und an der Entstehung des modernen Staates Israel:

Bereits ab Beginn des 18. Jahrhunderts gab es erste Bestrebungen jüdischer Gruppen nach Palästina auszuwandern. Aber erst mit dem Beginn des britischen Protektorates über Israel 1917 im Zusammenhang des Krieges Englands gegen Deutschland und das Osmanische Reich (Erster Weltkrieg) begannen die Planungen zur Bildung eines jüdischen Volkswesens auf dem Boden Palästinas allmählich Gestalt anzunehmen. In der seit Ende des 18. Jahrhunderts entstandenen Bewegung des Zionismus (1. Zionistenkongress, Basel, 1897) wurde die Forderung nach einer jüdischen Heimstätte immer lauter. Die englische Regierung forderte im November 1917 in der sogenannten „Balfour-Deklaration" die Einrichtung einer jüdischen Heimstätte in Palästina. Das Anliegen wurde durch Walter Rothschild, einer wichtigen Kontaktperson zur parallel angelaufenen zionistischen Bewegung, gestützt. Infolge wachsender Juden-Pogrome und besonders der Nachwirkung des Holocaust während der Zeit des von angelsächsischen Banken finanzierten Nationalsozialismus in Europa festigte sich die internationale Akzeptanz (in Völkerbund und daraus erwachsener UNO) hinsichtlich Gründung eines jüdischen Volkswesens, nun unter dem Mandat der Vereinten

Nationen. 1948 wurde durch David Ben-Gurion die Gründung des Staates Israel ausgerufen.

Die Bewegung des Zionismus und die Entstehung des modernen Israels sind keineswegs rein Gott-angestoßene Entwicklungen. Auch wenn Gott in der Geschichte immer wirkend ist und alles seinen Plänen dienen muss, der Zionismus ist eine religiös-politische, aus der antichristlichen Freimaurerei erwachsene Bewegung. Das gegenwärtige Israel ist noch nicht die Erfüllung der Verheißungen der Propheten hinsichtlich der Verwirklichung des verheißenen Neuen Bundes, der Wiederkunft der Shechina, der Beugung des Überrestes Israels vor dem in der Wolke als der Durchbohrte sichtbar werdende Messias, der allgemeinen Ausgießung des Geistes auf den Überrest des ganzen Volkes und des Anbruchs des Millenniums, des Friedensreiches Jesu Christi über alle Völker. Das alles hat sich noch gar nicht erfüllt! Das erfüllt sich erst, nachdem zuvor das antichristliche Reich des Bösen mit Jerusalem als sakral-politischem Zentrum vernichtet wurde. Der Zionismus und das jetzige Israel erwuchsen aus dem Antichristentum vorgenannter antichristlicher Strukturen und Bewegungen und alles führt ins endzeitliche Antichristentum.

Beim Aufbau des heutigen Israels spielten besonders die Rothschilds eine entscheidende Rolle. Edmond de Rotschild (1884-1934) finanzierte die Bewegung des Zionismus, den Ankauf von Land in Palästina, den Aufbau landwirtschaftlicher Projekte, die Gestaltung Jerusalems, den Bau des Obersten Gerichtshofes in Jerusalem, das hebräische Wörterbuch, das Hadassah-Krankenhaus, die Hebräische Universität und so weiter. Er investierte die für damalige Verhältnisse unvorstellbar hohe Summe von 6 Mrd. Dollar in den Aufbau des modernen Israel. Die Rothschilds gelten bis heute als die „Könige Jerusalems", sie erhielten zahllose Auszeichnungen, Ehrungen und Orden Israels. Der spätere Staatspräsident David Shimon Perez äußerte einmal: *„Noch nie hat eine Familie so viel von ihrem Reichtum für die Gestaltung der Geschichte gestiftet."* (192)

Auch die Flagge Israels symbolisiert das freimaurerische Programm zur Erringung der Weltherrschaft speziell durch die Rothschilds. Das Hexagramm (zwei sich miteinander vereinigende Dreiecke, eines von oben, eines von unten) ist ein okkultes sexualmagisches Symbol und seit der Zeit des Gründers der Bankerdynastie, Meyer Amschel Bauer / Rothschild, das Familienwappen der Rothschilds (weiß auf rotem Grund, daher Rothschild). Die heutige Flagge Israels, mit blauem (Farbe des Himmels) Hexagramm zwischen blauen Streifen auf weißem Grund symbolisiert das künftige sakral-politische Reich zwischen den Strömen (Euphrat und Bach Ägyptens) in welchem sich die Gottheit mit der Menschheit vereint.

Wer das versteht, versteht auch den wahren tiefen Sinn der Aussage des Staatsgründers Israels, David Ben-Gurion:

*„West- und Osteuropa werden zu einer Föderation autonomer Staaten mit einem sozialistischen und demokratischen Regime [...] alle Kontinente in einem Weltbündnis vereint, dem internationale Polizeikräfte zur Verfügung stehen wer-*

*den* (NATO). *Alle* (nationalen) *Armeen werden abgeschafft, und es wird keine Kriege mehr geben."*

*„In Jerusalem werden die Vereinten Nationen einen Schrein* (Wohnort der Götter, neuer Tempel) *der Propheten errichten, welcher der föderierten Union aller Kontinente dienen wird. Dies wird der Sitz des Obersten Gerichtshofs der Menschheit sein, um alle Kontroversen zwischen den föderierten Kontinenten, wie von Isaiah prophezeit, beizulegen."* (193)

Nun dürfte klar geworden sein wer diejenigen sind, welche uns unsere Freiheit rauben und die gesamte Menschheit versklaven wollen und welche globalen satanischen Ziele sie verfolgen. Mit dieser Macht wird nur einer fertig, der ewig Seiende, der Allmächtige.

Die Historie der Welt ist Ausdruck des verborgenen Kampfes um die Königsherrschaft auf Erden zu Jerusalem, zwischen dem Reich der Finsternis und dem Reich der Himmel, wobei der Sieger schon im Vornhinein feststeht! In kaum einem anderen Text der Bibel wird dieser geistliche Krieg klarer verdeutlicht, als in Psalm 2:

Bereits seit dem Sündenfall rebelliert die Menschheit unter der Einflüsterung Satans gegen ihren Schöpfer. Die Völker der Erde und ihre Herrscher wollen sich nicht der Autorität dessen beugen, dem sie alles verdanken, der klare Gesetze für Leben und Ewigkeit erließ. Sie wollen den Erdkreis ohne ihn gestalten, beherrschen, sich selbst einen Namen machen, im Bau eines Reiches, das bis in den Kosmos reicht. Sie kämpfen, initiiert von dem hasserfüllten Herausforderer Gottes, Luzifer, gegen den Ewigseienden, dessen Plan und besonders gegen den von dem Ewigen selbst bestimmten Herrn und König der Welt und aller Völker, den Messias, den Gesalbten, der Gottes eigener Sohn ist. Angesichts der Tatsache, dass alle Völker und Mächte der Erde nichts sind vor seiner Allmacht und absoluten Autorität, gab und gibt der Allerhöchste in der Geschichte eine Zeitlang, belustigt lächelnd, die Völker in ihrem Treiben dahin. Doch es kommt der Tag des Zorns, an dem Gott die Macht der Nationen, die okkulte Macht des Titanen für immer zerschmettert und seinen Willen und Plan in der Welt durch seinen Gesalbten durchsetzt. Der Allerhöchste wird seine Königsherrschaft, welche er nach dem Sündenfall zurückzog, sodass Satan für eine begrenzte Zeit König der Erde werden konnte, durch seinen Gesalbten wiederherstellen. Dann wird der Gesalbte allein von Jerusalem, von Zion aus, als göttlicher Priester-König über alle Völker herrschen und sein Reich des Friedens und der Gerechtigkeit durch sein Volk Israel aufrichten. Alles äußerliche Geschehen der Geschichte kann nur aus dieser göttlich hintergründigen Sicht recht verstanden und eingeordnet werden. Der prophetische Gesang des Psalms endet mit einer Ermahnung und einer Hoffnung vermittelnden Ermutigung:

*„Nehmt nun Verstand an, ihr Könige, und lasst euch warnen, ihr Herrscher der Erde. Dient dem Ewigen mit Ehrfurcht (…) unterwerft euch dem Sohn, damit ihr nicht umkommt auf eurem Weg, denn wie leicht kann sein Zorn entbrennen! Wohl allen, die sich bergen bei ihm!"* (194).

# Jesus Christus –
# Der Weg zur wahren Freiheit

Satan versklavt, plündert aus und zerstört aus Hass. Gott befreit, beschenkt und baut auf aus Liebe. Gott bietet den Menschen in und durch Christus wahre und beglückende Freiheit: Freiheit von geistig-geistlicher Gebundenheit. Innerliche Freiheit, selbst bei äußeren Einschränkungen. Ewige Freiheit in seinem himmlischen Reich. Jesus Christus spricht:

*"Wenn ihr in meinem Wort bleibt, so seid ihr wahrhaftig meine Jünger, und ihr werdet die Wahrheit erkennen, und die Wahrheit wird euch frei machen […] Jeder, der die Sünde tut, ist ein Sklave der Sünde […] wenn euch der Sohn Gottes frei macht, so seid ihr wirklich frei!"* (195)

Völlig unabhängig von dem politischen System in dem sie leben, sind alle Menschen aufgrund ihres persönlichen Unrechts, ihrer eigenen Schuld und Sünde versklavt unter der Macht des Bösen, der Gewalt der Sünde und des Todes. Sie sind ausgeschlossen vom Leben und vom Heil Gottes. Sie müssen sterben und fahren hinab in das Totenreich und in das Gericht. Aus dieser Gebundenheit und Versklavung können sich die Menschen aus eigener Kraft nicht befreien. Nur Gott ist in der Lage, Menschen aus der

Macht des Bösen, der Sünde und des Todes zu erretten und zu befreien.

Jesus Christus ist der Sohn Gottes, der Gesalbte, dahingegeben als stellvertretendes Sühnopfer für die Sünden der Welt, auferstanden von den Toten, aufgefahren und erhöht zur Rechten des Thrones der göttlichen Majestät, König und Richter über Himmel und Erde, über alle Lebenden und Toten, der Herr über Satan, die Gewalt der Sünde, über den Tod und das Totenreich. Jesus Christus lebt! Jesus Christus hört, wenn Gebundene ihn um Vergebung, Rettung und Befreiung anrufen.

### Zum Schluss

Wer an Jesus Christus glaubt und sich auf sein Erlösungswerk stützt, der findet Vergebung aller seiner Sünden, der wird gerettet, der erhält unauflösliches göttliches Leben. Umsonst! (196).

Wer an Jesus Christus glaubt, der wird befreit aus der Macht der Sünde, Satans und des Todes, er wird hineinversetzt in den Machtbereich des Reiches Gottes, auch wenn er noch eine kurze Zeit innerhalb dieser immer dunkler werdenden Welt lebt (197).

Wer an Jesus Christus glaubt, in dem ist der Geist Gottes gegenwärtig.

Der Heilige Geist öffnet dem an Christus Glaubenden das Verständnis für den objektiven Bewertungsmaßstab aller Dinge: Das Wort Gottes. Die Orientierung an der Bibel bewahrt dem Glaubenden kognitive Freiheit, innere Freiheit und Unabhängigkeit trotz Zensur, Manipulation und Lügenpropaganda (198).

Wer an Jesus Christus glaubt, der wird bei der Hinwegnahme (Entrückung) der wahren Gemeinde Gottes aus dem Gefängnis dieser Welt herausgenommen um ewig bei Gott in dessen Reich der Himmel zu sein (199).

Wer an Jesus Christus glaubte und als Christ verstarb, der wird aus den Toten auferweckt, mit einem neuen Auferstehungsleib eingekleidet und ewig bei Gott leben (200).

Zum Schluss noch ein Wort an diejenigen, welche Gottes Heilsangebot in Christus während der Zeit der Gnade ablehnten, welche dieses Buch nach der Heimholung und Hinwegnahme (Entrückung) der Gemeinde lesen sollten, welche während der Zeit der Großen Not Gott doch noch suchen:

Wenn es Gottes Wille sein sollte, in dieser Welt noch Not, Gefangenschaft und Martyrium um Christi, um des Messias willen zu erleiden, so bist du doch innerlich frei und du wirst ebenfalls gewiss auferstehen zu ewigem Leben und ewiger Freiheit. Beuge dich nicht vor dem Bösen!

Stehe fest! *„Wer ausharrt bis ans Ende, der wird gerettet werden"* (201).

*„Fürchtet euch nicht vor denen, die den Leib töten und danach nichts Weiteres tun können [...] Fürchtet den, welcher, nachdem er getötet hat, auch Macht besitzt in die Hölle zu werfen."* (202).

*„Und ich sah die Seelen derer, die getötet worden waren um des Zeugnisses Jesu und um des Wortes Gottes willen und*

*die das Tier nicht angebetet hatten, noch sein Bild und das Malzeichen weder auf ihre Stirn noch auf ihre Hand angenommen hatten; und sie wurden lebendig und regierten mit Christus 1.000 Jahre."* (d.h. das Millenium) (203)

*Was auch immer geschieht, es gilt Gottes Wort:*
*„Rufe mich an am Tag der Not, so will ich dich erretten, und du wirst mich ehren."* (204).

# Quellennachweise

1. Wissen des 20. Jahrhunderts, Freiheit, S. 639-639
2. https://de.wikipedia.org/wiki/Raub_(Deutschland), 19.06.2023
3. Vera Sharav „Unless All of Us Resits, Never Again is Now"- Full Speech-Nürnberg, August 20, 2022 https://childrenshealthdefense.eu/eu-affairs/vera-sharav-unless-all-of-us-resist-never-again-is-now-75th-anniversary-of-the-nuremberg-code/ https://andreastriebel.de/?p=3813
4. Steinmeier, Bundespräsident BRD, bei ‚Konzert für Friede und Freiheit', Februar 2023 https://www.bundespraesident.de/SharedDocs/Reden/DE/Frank-Walter-Steinmeier/Reden/2022/03/220327-Konzert-Berliner-Philharmoniker.html
5. Benjamin Franklin, https://zitate.net/freiheit-zitate, 22.06.2023
6. Roland Rottenfußer, Journalist und Autor, Strategien der Macht, 2023, Klappentext
7. https://utopia.de/news/ukraine-krise-joachim-gauck-frieren-fuer-die-freiheit/ 27.06.2023
8. Die Merkel-Ära aus christlicher Sicht, Dr. H.A. Thomas, S. 5 https://agwelt.de/wp-content/uploads/flyer/Die-Merkel-Aera-aus-christlicher-Sicht.pdf, abgerufen am 21.7.2023
9. Vortrag Volkhochschule Reutlingen, 14.10.2022 Russland und die Ukraine - Vortrag von Gabriele Krone-Schmalz abgerufen am 21.7.2023 https://www.youtube.com/watch?v=Gkozj8FWI1w
10. Weinmann, Daniel: Gelenkte Meinungsmache durch den Staat. Pressefreiheit in Deutschland offiziell als Märchen entlarvt, 20.10.22, https://reitschuster.de/post/gelenkte-meinungsmache-durch-den-staat/, abgerufen am 21.07.2023
11. https://ec.europa.eu, https://eur-lex.europa.eu) 16.04.2023
12. https://www.bundesregierung.de/breg-de/aktuelles/fernsehansprache-von-bundeskanzlerin-angela-merkel-1732134 25.03.2020
13. https://www.taylorwessing.com/de/insights-and-events/insights/2022/11/digital-services-act-ein-ueberblick, abgerufen am 21.07.2023
14. https://www.national.ro/social/se-pregateste-mama-tuturor-cenzurilor-digital-act-elimina-toate-opiniile-contrare-sistemului-795401.html 05.06.2023

15 https://unric.org/de/ Regionales Informationszentrum der Vereinten Nationen, Juni 2023
16 Gustave Le Bon, Werk „Psychologie der Massen"
17 Illuminaten-Protokolle, Protokoll 2
18 ebenda, Protokoll 5
19 ebenda, Protokoll 12
20 https://www.n-tv.de/politik/Institut-sammelt-Bedingungen-fuer-AfD-Verbot-article24173076.html, 07.07.2023
21 Gorge Orwell, https://zitate.net/freiheit-zitate
22 Joseph Pulitzer, https://zitate.net/freiheit-zitate
23 Bibel, Johannes 5;44
24 Bibel, 2.Thessalonicher 2;3-12
25 Bibel, Johannes 17;17
26 Bibel, Johannes 8;31-32
27 https://derstatus.at/great-reset/gates-und-die-msc-pandemien-planen-durchspielen-ausnutzen-abblasen-349.html
28 https://journalistenwatch.com/2023/02/19/msc-lauterbach-gates-who-chef-mauscheln-ueber-neue-pandemien/
29 https://www.national.ro/coronavirus/autoritatile-europene-cer-masuri-pentru-fortarea-populatiei-sa-se-vaccineze-anti-covid-789968.html, 09.02.2023
30 https://www.mdr.de/wissen/eu-zulassung-corona-impfung-kinder-klein-kinderbabys-biontech-nebenwirkungen-100.html
31 https://www.achgut.com/artikel/who_die_globale_durchimpfung_erreichen, M. Brinning, 24.08.2022
32 Epoch Times Wochenzeitung, Ausgabe Nr. 67, 22. 10. 2022 https://www.epochtimes.de/wissen/forschung/fremdkoerper-und-faserartige-gerinnsel-nach-covid-19-impfung-a3988124.html, abgerufen am 21.07.2023
33 https://journalistenwatch.com/200/bruesseler-planspiel-catastrophic-contagiongates-co-testen-bereits-nächste-pandemie https.//centerforhealthsecurity.or./our-work/exercises John Hopkins, Center for Health Security
34 https://childrenshealthdefense.org/defender/who-proposals-sovereignty-totalitarian-state/
35 Gisela Klinkhammer: Ethische Kodizes in Medizin und Biotechnologie: Schutz vor ärztlichen Verfehlungen, in: Deutsches Ärzteblatt vom 31. Oktober 1997. Dominik Groß: ‚Nürnberger Kodex'. In: Christian Lenk, Gunnar Duttge, Heiner Fangerau (Hrsg.): Handbuch Ethik und Recht der

Forschung am Menschen. Springer, Berlin/Heidelberg 2014, S. 559–563.
36. https://www.zivilpakt.de/
37. https://fassadenkratzer.wordpress.com/2023/06/16/who-experte-erklart-die-anderungen-im-pandemievertrag-und-den-internationalen-gesundheitsvorschriften/
38. https://stopworldcontrol.com/de/terror/
39. Aus „Les Visages de L'avenier" (Die Gesichter der Zukunft). Interviews mit Michel Salomon, editons Segher
40. Aus Was heißt Eugenik, Michael Wunder, https://gedenkort-t4.eu/wissen/was-heisst-eugenik
41. de.wikipedia.org/wiki/Homo_Deus_–_Eine_Geschichte_von_Morgen
42. Aus Roland Rottenfußer, Züchter und Lenker, Rubikon https://uncutnews.ch/die-untersuchung-der-oxford-astrazeneca-eugenics-verbindungen/ aufgerufen 19. März 2021
43. https://www.yamedo.de/blog/pfizer-chef-israel-versuchslabor/
https://www.n-tv.de/panorama/Israel-versorgt-Biontech-mit-Impfdaten-article22338589.html
44. https://de-de.facebook.com/handelsblatt/videos/betrachtet-uns-als-eure-versuchskaninchen-scholz-fordert-zum-impfen-auf/167622965485945/
45. https://www.stern.de/gesundheit/-haben-sie-schon-mal-ueber-sterbehilfe-nachgedacht--teure-patienten-offenbar-zum-assistierten-suizid-ueberredet-32628792.html
46. https://www.anti-spiegel.ru/2023/in-kanada-wird-sterbehilfe-als-loesung-bei-sozialen-problemen-diskutiert/?doing_wp_cron=1687507706.3155989646911621093750
47. Vera Sharav „Unless All of Us Resits, Never Again is Now"- Full-Speech-Nürnberg, August 20, 2022 https://childrenshealthdefense.eu/eu-affairs/vera-sharav-unless-all-of-us-resist-never-again-is-now-75th-anniversary-of-the-nuremberg-code/ https://andreastriebel.de/?p=3813
48. Bibel, Genesis Kapitel 2
49. Bibel, Johannes 5;44
50. Bibel, Jesaja 14;5-6, 12
51. Bibel, Johannes 3;16
52. Bibel, Philipper 3;20-21
53. https://neueswort.de/technokratisch/
54. https://www.stupidedia.org/stupi/Technokratie
55. https://www.stupidedia.org/stupi/Technokratie

56 https://en.wikipedia.org/wiki/borg
57 https://www.konjunktion.info/2017/01/usa-vom-ende-der-demokratie-und-dem-aufstieg-der-technokratie/
58 Illuminaten-Protokolle, Protokoll 1
59 ebenda, Protokoll 3 und 5
60 ebenda, Protokoll 9
61 ebenda, Protokoll 13
62 ebenda, Protokolle 20 und 21
63 https://www.zitate-online.de/stichworte/technokratie/
64 Bibel, Daniel 12;1 und Matthäus 24;21
65 Bibel, Amos 5;4
66 https://de.wikipedia.org/wiki/Dataismus
67 https://uncutnews.ch/transhumanismus-der-tanz-mit-dem-digitalen-teufel/
68 Yuval Noah Harari: Homo Deus: A Brief History of Tomorrow. Vintage Penguin Random House, 2017, ISBN 978-1-78470-393-6, S. 428 (englisch). Yuval Harari: Homo sapiens is an obsolete algorithm: Yuval Noah Harari on how data could eat the world. https://www.wired.co.uk/article/yuval-noah-harari-dataism Abgerufen am 5. Januar 2018.
69 https://datasolut.com/neuronale-netzwerke-einfuehrung/
70 https://blog.neuronation.com/de/definition-der-intelligenz-was-ist-das-eigentlich/
71 https://de.wikipedia.org/wiki/Algorithmus
72 https://www.ibm.com/de-de/topics/artificial-intelligence
73 https://www.jmberlin.de/der-golem-von-mystik-bis-minecraft
74 https://en.wikipedia.org/wiki/borg
75 Bibel, Offenbarung 6;3-8
76 Bibel, Apostelgeschichte 17;26-28a, Matthäus 22;37
77 Illuminaten-Protokolle, Protokoll 1
78 ebenda, Protokoll 3
79 ebenda, Protokoll 5
80 ebenda, Protokoll 6
81 ebenda, Protokoll 15
82 ebenda, Protokolle 21 und 21
83 https://www.goodreads.com/quotes/74751-the-world-is-governed-by-very-different-personages-from-what
84 Bibel, Offenbarung Kapitel 17
85 De Ruiter, „Die 13 satanischen Blutlinien";
Springmeier, „Be wise as Serpents"; Carmin, „Das schwarze Reich"

86  Carroll Quigley „Tragedy and Hope", Seite 1930
87  R. de Ruiter, „Die 13 Satanischen Blutlinien", Seiten 15-16
88  https://www.vaamo.de/kommt-der-finanzcrash-oder-kommt-er-nicht/
89  Digitaler Euro: Geradewegs in den Finanz-Faschismus Ein Kommentar von Ernst Wolff . 29.06.2023 https://www.kla.tv/2023-06-29/26416
90  Bibel, Offenbarung 13;16-17
91  https://uncutnews.ch/die-politisierung-des-bankwesens-und-das-ende-der-freiheit/ 13.07.2023 https://de.brownstone.org/articles/the-politicization-of-banking-and-the-end-of-freedom/ 13.07.2023
92  Bibel, Philipper 4;4-6
93  Bibel, Matthäus 6;19-34
94  Bibel, 1.Thessalonicher 5;9
95  https://www.destatis.de/Europa/DE/Thema/GreenDeal/Juni 2023
96  Bibel, Apostelgeschichte 17;24-28, Matthäus 22;36-40
97  Fotosynthese in Biologie | Schülerlexikon | Lernhelfer  20.07.2023
98  https://journalistenwatch.com/2022/08/23/es-klimanotstand-mehr/
99  https://de.wikipedia.org/wiki/Geoengineering, März 2008)
100  https://www.weltbundesamt.de/themen/nachhaltigkeits-strategien, Okt. 2019
101  https://www.rubikon.news/artikel/die-verdunklung-der-sonne, Dez. 2022
102  https://www.sgtreport.com/2022/11/climate-lockdowns-may-be-next-heres-what-that-may-look-like/
103  https://www.gesetze-im-internet.de/gg/art_20a.html https://www.grin.com/document/63500
104  https://reitschuster.de/post/bundesverfassungsgericht-grundrechte-jetzt-nur-unter-klimavorbehalt, April 2023
105  RKI: Klimawandel größte Herausforderung für Menschheit - WELT  Juli 2023 https://www.rki.de/DE/Content/Service/Presse/Pressemitteilungen/2023/06_2023.html
106  https://jungefreiheit.de/pressemitteilung/2023/beatrix-von-storch-die-globale-finanzindustrie-als-treiber-der-klimapolitik/ 19.05.2022
107  https://expose-news.com/2023/05/18/great-reset-is-about-putting-them-in-charge/  26.05.2023
108  Bibel, Jesaja 13;6+9 und 2.Petrus 3;13
109  Bibel, Klagelieder Jeremia, Kp. 1 und Offenbarung, Kp. 18
110  Bibel, Offenbarung 19; 11-16 und Daniel 7;13-14
111  https://stopworldcontrol.com/smart-syti/how-smart-cities-will-lock-up-humanity-inside-open-concentration-camps, 31.08.2023

112 https://www.welt.de/wissenschaft/article166578816/Wie-jeder-Einzelne-den-Klimawandel-bremsen-kann.html
113 https://www.raum-und-zeit.com/r-z-online/top-aktuell/bauernopfer-fuer-die-grossindustrie-tristate-city-ein-urbanes-mega-projekt.html, 01.10.2023
114 BBSR - Modellprojekte Smart Cities - Modellprojekte Smart Cities (MPSC) (bund.de), 29.08.2023 https://www.bbsr.bund.de/BBSR/DE/forschung/programme/smart-cities/projekte/2021/modellprojekte-smart-cities/01-start.html, 30.08.2023
115 https://uncutnews.ch/wie-intelligente-staedte-die-menschheit-in-freiluft-konzentrationslager-sperren-werden/, 14.07.2023
116 Bibel, Hebräer 11;8-10 und 13-16
117 Bibel, Galater 4;26
118 Offenbarung 21;1-2, 10-11
119 https://de.wikipedia.org/wiki/Vereinte_Nationen, 09.08.2023
120 https://freimaurer-wiki.de/, 29.08.2023 (Homepage Enzyclopedia de la masonice) https://www.bitchute.com/video/9R4G7dGWXZrz/, 30.08.2023
121 Informationen zur politischen Bildung, Ausgabe 246, März 1999: Die UN zwischen neuen Aufgaben und Überforderung, Seite 7-10.
122 Versammlung Europarat, Resolution 1476, 23.01.2006 Panafrikanisches Parlament, Pressemitteilung, 25.10.2007 https://de.wikipedia.org/wiki/Parlamentarische_Versammlung_bei_den_Vereinten_Nationen
123 Kampagne für ein Weltparlament, Frankfurter Rundschau, 24.04.2007
124 https://www.auswaertiges-amt.de/de/aussenpolitik/regelbasierte-internationale-ordnung/uno/05-reform-sicherheitsrat/205630, 30.08.2023
125 Pierre Hillard, Artikel „Geschichte der Neuen Weltordnung", Abschnitt: „Für eine parlamentarische Weltversammlung" https://www.voltairenet.org/article178568.html
126 David Rockefeller, Rede auf UNO Buissines-Conference, New York, 14.10.1994
127 https://uncutnews.ch/notfallplattform-zur-bewaeltigung-extremer-globaler-schocks/, 05.09.2023
128 Illuminaten-Protokolle, Protokoll 9
129 Protokoll 15
130 Protokoll 10
131 Bibel, Jesaja 41;10-13
132 Bibel, Matthäus 28;18-20

133 Scholz nennt Papier ungewöhnlich: So will die Regierung die nationale Sicherheit stärken, 01.010.2023 https://www.n-tv.de/politik/So-will-die-Regierung-die-nationale-Sicherheit-staerken-article24190029.html 14.06.2023
134 https://www.german-foreign-policy.com/news/detail/9268 15.08.2023
135 Illuminaten-Protokolle, Protokoll 9
136 https://de.wikipedia.org/wiki/Echelon
137 Ludwig von Mises: Im Namen des Staates oder die Gefahren des Kollektivismus. Verlag Bonn aktuell, München 1982, S. 68
138 https://beruhmte-zitate.de/autoren/ludwig-von-mises/
139 https://www.n-tv.de/politik/AKK-plant-neuen-Freiwilligendienst-article21890548.html, aufgerufen 19.09.2023
140 https://www.focus.de/politik/deutschland/trotz-kritik-junger-menschen-bundespraesident-steinmeier-haelt-an-sozialem-pflichtjahr-fest_id_178188788.html, aufgerufen 19.09.2023
141 https://uncutnews.ch/spanien-enthuellt-die-totalitaere-zukunft-fuer-alle/, aufgerufen 19.09.2023
142 https://de.wikipedia.org/wiki/Carsten_Breuer, aufgerufen 19.09.2023
143 Territoriales Führungskommando der Bundeswehr – https://de.wikipedia.org/wiki/Territoriales_F%C3%Bchrungskommando_der_Bundeswehr
144 https://de.wikipedia.org/wiki/Freedom_Convoy, 04.09.2023
145 https://www.agrarheute.com/politik/bauernaufstand-niederlanden-gruende-595650, 02.09.2023
146 https://www.telepolis.de/features/Australien-Polizei-mit-grosser-Haerte-gegen-Gegner-der-Corona-Massnahmen-6201308.html, 02.09.2023
147 https://www.welt.de/politik/article3407733/Europas-Fuehrung-fuerchtet-soziale-Unruhen.html, 15.09.2023
148 https://www.manager-magazin.de/politik/artikel/bericht-der-ilo-soziale-unruhen-in-europa-werden-wahrscheinlicher-a-903489.html, 03.09.2023
149 Illuminaten-Protokolle, Protokoll 1
150 Protokoll 2
151 Protokoll 3
152 Protokoll 7
153 https://www.t-online.de/nachrichten/ausland/id_91231626/kampf-gegen-die.corona-pandemie-letzter-ausweg-militär.html, aufgerufen 30.11.2023

154 Bibel, Habakuk1;1-4
155 Bibel, Lukas 1;46-52
156 Bibel, Genesis 1;26-28
157 Grundgesetz BRD, Grundrechte, Artikel 1, Absatz 1
158 https://tkp.at/2023/05/15/who-verbreitet-leitfaden-zu-sexualitaet-fuer-kleinkinder/ https://www.bzga-whocc.de/publikationen/standards-fuer-sexualaufklaerung/aufgerufen 14.05.2023
159 Verena Brunschweiger, Buch „Kinderfrei statt kinderlos: Ein Manifest", März 2019
160 Bibel, Römer 1;18-32
161 Bibel, Jakobus 4;7-10
162 Sendung: SRF 1, Sternstunde Philosophie, 14.04.2017 https://www.srf.ch/kultur/gesellschaft-religion/religion-der-daten-yuval-harari-der-mensch-unterwirft-sich-den-daten 11.09.2023
163 Zitiert nach Bakunin, Staatlichkeit und Anarchie, Berlin 2007, Seite 31-37
164 Zitiert nach Bakunin, Staatlichkeit und Anarchie, Berlin 2007, Seite 31-37
165 Mendel, New York 1848, Michail Bakunin – Wurzeln der Apokalypse, Seiten 372, 430
166 Internationales Freimaurerlexikon, Lennhoff, Possner, 1932, Rosenkreuzer Seiten 1332-1335
167 ebenda, Seiten 1025-1026
168 ebenda, Seite 1567
169 Illuminaten-Protokolle, Protokoll 1
170 ebenda, Protokoll 3
171 ebenda, Protokoll 4
172 ebenda, Protokoll 6
173 ebenda, Protokoll 9
174 ebenda, Protokoll 10
175 ebenda, Protokoll 15
176 ebenda, Protokoll 22
177 ebenda, Protokoll 23
178 ebenda, Protokoll 24
179 Constance Cumbey, Die sanfte Verführung, S. 161, Verlag Schulte + Gerth 1987
180 Bibel, 2.Thessalonicher 2;3-12
181 Bibel, Offenbarung Kp. 13

182 Bibel, 1.Johannes 1;1-3
183 Bibel, 2.Thessalonicher 2;3-8
184 Theorie stützt sich auch auf gnostische Schriften angeblicher Jesus-Überlieferungen, wie die in Ägypten gefundenen Nag-Hammadi-Schriften, die Schriften Thomasevangelium, Dialog des Erlösers, Evangelium der Maria Theorie eingebaut in Roman „The Da Vinci Code", 2003, bez. deutsch „Sakrileg", 2004 von Dan Brown. Robert Carmin, „Das schwarze Reich" De Ruiter, „Die 13 Satanischen Blutslinien" Leigh „Der Hl. Gral und seine Erben" Magazin Geschichte: „Das Reich der Franken – Europas Wurzeln"
185 Bibel, 1.Johannesbrief 2;18-19
186 Robert Carmin, „Das schwarze Reich", S. 296 ff. Lennhoff / Posner, „Internationales Freimaurerlexikon", S. 1563-1565
187 ebenda, S 1331-1335
188 Fritz Springmeier, „Feast of the Beast" powerdbychrist.com, Januar 2011
189 De Ruiter, „Die 13 Satanischen Blutslinien", S. 10-18
190 Walter Rathenau, Neue Wiener Presse, 24. Dez. 1912
191 https://www.voltairenet.org/article178568.html, 13.09.2023 https://dudeweblog.wordpress.com/2013/08/17/die-geschichte-der-neuen-weltordnung/ 13.09.2023
192 Politik Global, Magazin für Hintergrundinformationen in Politik und Wirtschaft, Artikel „Die Freimaurer zeigen in Jerusalem ihre Macht", 04. Juni 2008 J.weekly.com, Artikel „Die Rothschilds – Generationen in der Förderung des Zionismus" „Ohne die Rothschilds könnte Israels Hauptstadt kaum die Gleiche sein." 21. März 1997
193 Ben Gurion, Interview LOOK-Magazine, 16. Januar 1962
194 Bibel, Psalm 2
195 Bibel, Johannesevangelium 8;31-35
196 Bibel, Johannesevangelium 3;16, 1.Johannesbrief 1;9
197 Bibel, Epheserbrief 2;1-6
198 Bibel, 2. Korinther 3;17
199 Bibel, 1.Thessalonicherbrief 4;13-18; Philipperbrief 3;20-21, Johannesevangelium 14;1-6
200 Bibel, 1.Korintherbrief 15;45-53
201 Bibel, Matthäusevangelium 24;13, Lukasevangelium 21;19 und 36
202 Bibel, Lukasevangelium 21;19 und 36
203 Bibel, Offenbarung 20; 4
204 Bibel, Psalm 50;15